Understanding How Young Children Learn

Bringing the Science of Child Development to the Classroom

理解 0—12 岁儿童的学习

——应用儿童发展科学的教学策略

【美】Wendy L. Ostroff 著

赵琴 译

中国轻工业出版社

图书在版编目（CIP）数据

理解0—12岁儿童的学习：应用儿童发展科学的教学策略／（美）温迪·L.奥斯特罗夫（Wendy L. Ostroff）著；赵琴译. —北京：中国轻工业出版社，2018.3（2022.9重印）

ISBN 978-7-5184-1791-9

Ⅰ. ①理…　Ⅱ. ①温…　②赵…　Ⅲ. ①儿童教育-教学法　Ⅳ. ①G612

中国版本图书馆CIP数据核字（2017）第317460号

总 策 划：石　铁
策划编辑：孔胜楠　　责任终审：杜文勇
责任编辑：孔胜楠　　责任监印：刘志颖

出版发行：中国轻工业出版社（北京东长安街6号，邮编：100740）
印　　刷：三河市鑫金马印装有限公司
经　　销：各地新华书店
版　　次：2022年9月第1版第3次印刷
开　　本：710×1000　1/16　印张：13.50
字　　数：123千字
书　　号：ISBN 978-7-5184-1791-9　定价：36.00元
著作权合同登记　图字：01-2017-5134
读者热线：010-65125990，65262933　传真：010-65181109
发行电话：010-85119832　传真：010-85113293
网　　址：http://www.chlip.com.cn　http://www.wqedu.com
电子信箱：1012305542@qq.com
如发现图书残缺请直接与我社读者服务部（邮购）联系调换
170398Y1X101ZYW

译 者 序

如果您是一位教师，想要更好地设计课程与组织课堂教学，这本书能作为您的教学实践指南；如果您是一位教育科研工作者，尤其对儿童发展、学习科学等领域的问题感兴趣，这本书提供了对当前发展科学领域有关儿童学习问题研究的梳理与总结，是对该领域当前研究成果的一个综合整理与论述，其中大量引用的参考文献，可供您进行追踪阅读，作为研究素材；如果您是一位家长，想要更好地了解自己的孩子，并在他们的学习成长过程中给予科学理性的指导与帮助，那么这本书值得出现在您的案头，供您随时拿来翻阅。正如作者本人在前言中提到的，本书的写作目的是希望对自己的学生（他们中的许多人都是当地的小学教师、幼儿园及儿童早期教育资源中心的工作人员）以及所有未来的教师有所帮助。作者在书中没有堆砌艰深晦涩的理论观点，而是对相关教学实践提出了切实可行的建议，对教师的教学实践具有重要的指导作用。除此之外，本书对父母而言也是一个很好的学习资源，对父母在家开展亲子互动、辅导孩子学习，想必也能提供一些启发与帮助。

本书共分三个部分。第一部分是对学习、教学与发展科学的概述。作者在开篇第一句就以反问的形式，让读者去思考“如果从学习者的角度去重新审视我们的学校系统，会有什么不一样的发现”，语言委婉但直指要义，从侧面道出我们的学校教育应更多地关注学生的学习，去了解学生如何以及何时开始思考、认知、理解与运用知识，而不是单方面地关注教学过程。因为如果不知道学生在什么年龄能掌握哪些内容、以什么样的教学方式及学习方式能使学生的学习效果最好，而单凭教师的经验与直觉进行教学，只会起到事倍功半的效果。

第二部分为本书的正文，共分四章。第一章介绍儿童的动机。作者指出，动机是所有行为背后的驱动机制，是学习的先导和基石，因此，要想促进学生的学习，第一步便是要懂得如何激发他们的动机，即激起他们学习的欲望。作者分别从习惯化与新奇偏好、自信、游戏、加入社区这四个方面做了介绍。这四个方面的介绍既有理论深度，又有实际教学策略建议，每一个理论及教学建议的背后都有强有力的研究证据作为支撑，即所提出的观点及建议都是基于已有的研究结论与发现，并不是作者的主观臆断，体现了作者作为科研人员的严谨以及对高质量教学的理性思考。第二章从儿童的注意力方面展开介绍，让读者了解发展注意力的重要性，以及注意力与儿童的发展水平、智力状况、问题解决能力以及语言技能都有非常重要的关联，因此，培养和促进儿童的注意力至关重要。与第一章介绍如何促进儿童的动机一样，作者也从自我调节、执行控制、运动三个方面对促进儿童注意力的机制进行了介绍。第三章的主题为儿童的记忆。作者论述了影响记忆的几大因素，包括工作记忆，剧本、图式与故事，记忆策略（比如，复述策略、组织策略、精加工策略以及自我意识），知识与专业技能等，并提出如何从这几大影响因素层面去增强学生的课堂记忆。最后一章则从隐性学习、模仿、情绪、元认知、清晰表达及合作等六个方面论述儿童的认知与行动，并相应地从这六个方面提出了教学建议。

最后一部分是对本书的总结。在结语中，作者倡导，作为一名教师，要能够将自己的观察与他人的研究发现相结合，在此基础上促进学生的学习。同时，更为重要的是，要能够模糊教与学之间的界限，与学生一起去探索并共同创造一种探究文化，让教师和学生在共同合作中教学相长。

阅读完本书后，相信您可以在脑海中清晰地构建出一个有关儿童学习的知识图谱，对于可以从哪些方面来促进儿童学习也会有个明确的认识，这是我从翻译到后续的修改校对，再到通读全文的过程中，感触很深的一点。作者在本书中所体现的深厚的理论素养、严谨的科研态度、从浩瀚文献中提炼要点、归纳总结梳理的能力，以及思路清晰、逻辑缜密的写作本领令我深深折服。在此，向作者表达真挚的敬意！

除了对作者的敬意之外，还要感谢在本书的翻译修改过程中帮助过我的亲人朋友，感谢先生在忙于自身繁重的博士学业之余，舍弃周末休息时间与我一起讨论修改，给出他的理解与思考，帮我把关翻译质量。

最后需要声明的是，尽管译者付出了很大的努力，但出现疏漏和不当之处在所难免，欢迎读者批评指正，并致以谢意。

赵琴

2017 年 12 月

于澳大利亚纽卡斯尔大学

前言

多年来，我一直在联系紧密的学术团体中教授关于儿童发展的大学课程，并与以前的学生经常保持联系。他们中的许多人是该地区的小学教师，或者在幼儿园和儿童早期教育资源中心工作。有时候他们来拜访我，跟我讲述他们精彩又富有挑战性的工作。他们总是满心欢喜地开始怀念过去，“我很喜欢你组织的儿童发展专题讨论会——它太有趣了！”，然后我会询问他们在日常教学中都用到了哪些我教的内容。然而，我们尴尬地发现，我精心挑选的那些内容却很少被应用到实际的课堂上。

此外，每年我都会参加并出席关于儿童发展的国际会议。该领域的领军学者及发展科学家会就儿童学习的最新、最具革命性的研究在会上展开讨论。每次参加会议，我都会向自己保证，要将这些发现带给那些能从中受益的教师和学生。于是，我搜集了大量关于儿童发展和学习的阅读资料，刻苦研读了很多科学期刊上研究者的理论和观点。然而，当我选择关注的焦点时，一直面临的一个最大挑战就是，儿童发展领域的信息太多了，到底哪些理论和研究对我的学生以及他们的学生来说至关重要？近百年来，有关儿童学习的研究充斥着各种理论（条件作用和行为主义理论、社会认知理论、信息加工理论、建构主义理论、社会文化理论等）。每一种理论都有相应的和令人信服的实证证据，但很少有研究讨论如何以及什么时候应该使用这些理论。我常常希望，有一天我能将眼前这些堆积如山的信息编纂成一本关于儿童学习的指导手册，让那些想成为教师的人可以随时翻阅，在设计课程和教学的过程中，参考其中一些重要的思想和发现。

本书是我对这一愿望的一个回应。我的目标是以直观的方式组织当前发展科学领域有关儿童学习的知识，希望它对我的学生以及所有未来的教师都将是难忘和有用的。毕竟，这些非凡的知识和观点难道不应该被应用到课堂上吗？

作者简介

温迪·L. 奥斯特罗夫（Wendy L. Ostroff）在认知心理学、儿童发展和元认知方面的专业知识源于她在弗吉尼亚理工大学（Virginia Tech）婴儿感知实验室（Infant Perception Laboratory）的研究经验，作为德国莱比锡市马克斯·普朗克进化人类学研究所（Max Planck Institute for Evolutionary Anthropology）访问科学家的经历，以及作为卡内基教学促进基金会（Carnegie Foundation for the Advancement of Teaching）学者在斯坦福大学进行教学的经历。在过去的15年中，她在索诺马州立大学（Sonoma State University）的哈钦斯人文研究学院（Hutchins School of Liberal Studies）、史密斯学院（Smith College）教育与儿童研究部研究开发儿童学习课程。如今（2012年），作为库利学院（Curry College）的一名副教授，她正在参与学习促进项目的研究工作。奥斯特罗夫博士已经教授过30多门不同的大学课程，并三次获得大学优秀教学奖。她致力于设计和实施最先进的教育。

目　录

导 言

学习、教学与发展科学

如果从学习者的角度去重新审视我们的学校系统，会有什么不一样的发现？显然，我们都知道教育的目的是学习，然而从大多数正规教育的发展历史来看，教师培训却几乎只关注于教师的教，直至当前，儿童的学习过程一直不被了解或被认为是“黑匣子”（Gerner，1981）。然而，在过去的几十年里，发展科学领域向我们揭示了学习是如何发生的，为我们了解儿童的心灵打开了一扇大门，我们可以知道儿童是如何以及何时开始思考、认知、理解与运用知识的。可悲的是，这些最前沿的发现却很少被运用到课堂教学中。本书的目的就是要在教师与研究儿童发展的科学家之间搭建一座桥梁。为了实现这一目的，我认为，我们需要训练自己像科学家一样思考，也就是要能够像儿童一样，多去问“为什么”。基于科学调查和研究得出的有关儿童学习的认识有助于教师加强和促进学生高质量的学习，提供最优质的教学。这也是在面对教学经费申请、测试和教学标准的压力时我们所需要的坚实基础。

20 世纪初，当大多数工业化国家开始给儿童提供正规的公立教育，课程的设计便指向为工业化经济培养未来的工人。当时的教育理念是，培养能够理解基本指令而不会对现状的任何基本方面提出挑战的劳动力，教学手段则建立在一些常识性的假设之上（例如，知识是事实和程序的集合，教师的工作就是向学生传输这些事实和程序，学业成功与否由测试决定，通过测试看看学生掌握了多少事实和程序）(Sawyer，2006)。其中的一些教学手段如今仍在使用，比如，要求学生独立完成任务，与其他学生竞争以取得好排名，独自参加考试，长时间注意力集中并且中途没有休息，按照能力高低将学生分配进小组成员能力相仿的阅读小组或数学小组等。这些做法只是基于传统的教学方法，并没有依据学生学习的相关研究证据。而实际上，学生不是信息的被动接受者，像空瓶子一样等待被填满，从一开始，他们便很积极主动地探索并参与到创建属于他们自己的知识中。

什么是学习？

学习很难定义，它关乎我们的心灵，包括思考、意识、想象、看、听、期望、记忆、抽象、制订计划与解决问题（Malone，1991）。学习深深地植根于人类的身上，来自我们对积极探索新领域而获取新信息的渴望。学习是一种物理现象，发生在感官系统中，就像光波和空气中的震动产生的能量转换成能被神经系统解读的电子脉冲一样；同时，它也发生在大脑中，神经元发出神经递质，形成关系网络；此外，它还发生在身体中，对人体的运动模式进行编码，从而形成人的行为。学习也扎根于人们的生活经历、社会互动与社区组织中。因为学习同时发生在很多层面上，因此，发展科学（包括发展心理学、认知与语言科学、发展心理生理学、发育神经科学）在对学习展开分析时并没有故意偏袒某个或某些层面（Thelen & Smith，1996）。

学习的起步阶段：从婴儿时期到童年时期

在 20 世纪的大部分时间里，科学家和教师都认为，孩子在刚来到这个世界上时并不具备认知世界的能力，他们在早期阶段一直处于对周遭事物的困惑与摸索中（James，1983/1890，p.462）。毕竟，除了制造混乱，婴儿一天到晚似乎除了躺着就是睡觉，行为、表达、互动均很有限。但是，现在我们知道这个观点是完全错误的。人在成长发展的最初几年学得最多，也学得最快，其他任何时期在适应新环境、掌握新知识、解决复杂问题方面的能力都不及婴儿时期和儿童时期。“婴儿拥有最强大的大脑，是这个宇宙中最强大的学习机器。”（Gopnik，Meltzoff，& Kuhl，1999，p.1）

研究胎儿发育能够让我们了解人类思想和行为的起源。从出生起，婴儿便开始熟悉他们周围所有复杂的景象、声音、气味、味道和纹理，并巧妙地利用这些信息指导自身的感知、注意力和学习（Smotherman & Robinson，1988）。即使是在出生之前，胎儿在子宫中的运动也与大脑的发展有关。胚胎在细胞环境中的运动和变化对其自身的学习起着重要作用，胎儿的运动模式实际上建立了儿童早期学习所需的大脑连接。在最近的一项研究中，美国国家儿童健康与人类发展研究所的发展科学家们发现，产前发育阶段心率波动大的胎儿（相较于心率波动保持相对稳定的胎儿）在他们成长到 2 岁时，能够掌握更高层次的语言能力和游戏技巧（Bornstein et al.，2002）。

到了妊娠中期，脑细胞（又称神经元）以每分钟 250,000 个新细胞的惊人速度发育和增殖。神经元通过神经管迁移，神经管又形成中枢神经系统，包括大脑和脊髓。神经元随后开始生长出类似手臂形状的突起，被称作轴突，轴突又通过突触与其他神经元建立神经网络。到出生时，婴儿的神经元将累积超过 1 万亿个突触连接。事实上，新生儿大脑的连接区域比成人大脑的连接区域要紧密得多。这似乎是一种进化适应，使婴儿能够轻松地吸收大量信息，因此，婴儿通常能够体会到联觉感应，即感官的重叠或感觉信息的混合（Maurer，1993）。在幼儿早期阶段，大脑会在颞叶皮层（负责听觉信息处理）和枕叶皮层（负责视觉信息处理）对语言做出反应。

我们对大脑发育的了解大多来自动物大脑或人体尸检大脑实验，直到最近，科学家们还无法对婴儿及儿童的大脑展开研究。但可喜的是，很多新的无创技术越来越成熟，这些技术包括事件相关电位（event-related potentials，简称 ERP）、功能性磁共振成像（functional magnetic resonance imaging，简称 fMRI）、脑磁图（magnetoencephalography，简称 MEG）。ERP 是通过头皮表面跟踪大脑电势的变化；fMRI 被用来测量脑血流的变化；MEG 被用来评估大脑中磁场的变化（Nelson，de Haan，& Thomas，2006）。然而，即便如此，直接测试婴儿及儿童大脑的研究既昂贵又费时，因为他们只能从相对静止的婴儿或儿童身上获取相关数据。

人脑首先是一个有效的器官，当谈到大脑结构时，少即是多。在正常发育的婴儿大脑中，神经元和突触以惊人的速度生长，并不断得到修剪，那些经常被使用的神经连接得到加强，而那些很少被使用的神经连接则被切断，从而形成了最简洁、最优化的大脑。在人体生长发育的第一年里，每一个神经细胞的轴突（即连接其他神经元的部分）与一层叫作髓磷脂的脂肪保护层之间形成绝缘，从而加速电信号的传播，使神经元之间的交流快速而有效。可以说，在整个童年时期，大脑都在不断地发育，脑细胞生长和死亡，彼此之间形成连接与再连接，并生长出新的轴突，髓磷脂对这些轴突形成保护层（Cycowicz，2000）。顺便提一下，自闭症儿童的大脑通常无法对负责计划和复杂推理区域的神经元进行修剪，对神经连接起绝缘作用的髓磷脂也相对较少（Bartzokis et al.，2010；Courchesne & Pierce，2005）。

多亏了最新开发的神经成像技术，我们现在可以了解到学习过程中大脑所发生的具体变化。即使我们所有人的大脑都含有相同的基本结构，但每个人的神经网络就像我们的指纹一样都是独一无二的。最新的发育神经科学研究表明，大脑的可塑性比之前预想的要强，它根据自身的生长过程、周边和远处的环境、过去和现在的情况不断发展（Hinton，Miyamoto，& Della-Chiesa，2008）。大脑试图通过建立或改进现有的神经网络来创建意义。当我们学习一个新的知识或技能时，神经元会在已有联系的信息之间搭建网络。运用这一知识或技能可以带来结构性的变化，使得将来类似的脉冲比其他脉冲传播得更快、更高效（Squire & Kandel，2000）。从而，高度活跃的突触连接得到稳定和加强，而使用频率相对较低的连接则逐渐被削弱并最终被修剪掉，这样，我们的大脑就由我们自身过去的经历所塑造（Wolfe，2006）。

学习的过程与助推器

将发展科学的研究成果整合进课堂，意味着将教育重心从教学转向学习。在美国，学校教育的内容由地方、州、国家三个层面决定，并经常被视为教育工作的重中之重。学生对标准化测试的事实性知识的记忆能力决定了他们学校获得资金的情况，但是，学生学什么取决于他们如何学。为了弄清楚这一点，我们必须要了解不同发展阶段儿童的大脑、身体与思维的运行特点。

学习是一个复杂的交互式和情境化的过程，会对一个人未来的经历产生递归性的影响。人类生来就是为了学习，经过数万年的进化，我们学会了在周围环境及日常生活的刺激下如何高效、轻松地学习。儿童学习的要素、动机、注意力、记忆、认知、行动以及推动和激励他们的过程是本书的主题。我希望在发展科学家的观点及研究发现的基础上，为教师们提供一种新的方式去思考学习。

第一章

理解儿童的动机

动机是所有行为背后的驱动机制，是学习的先导和基石。毫不夸张地说，儿童对生活和学习充满了无限的精力。从进化的角度来看，重要的生存技能（比如，吃饭或者生育），其本身必须是愉快的。儿童通过动手操作、运动、语言及社会互动来探索他们的世界，而他们本身也很喜欢做这些事情。"擅长"做某事所带来的即时满足感对于认知的发展也具有适应的意义。为了激发学生，让他们为高质量的学习做好准备，我们必须了解学习动机是如何发展的。

从发展科学的角度理解动机

动机是学习的一种准备状态或者计划状态。生活中，我们在没有刻意尝试的情况下便能够掌握极其复杂的技能。正如英国发展科学家约翰 · L. 洛克（John L. Locke，1995）所指出的那样，婴儿和儿童在人生前几年中学习大量技能并没有经过精心计划与准备。相反，出于与热爱和关心自己的人进行情感交流这一强烈的生理需要，他们学习辨识他人的面孔、声音及行为。他们发现，自己处于一个社会文化情境中，在这个情境中，人们会重视某些技能并频繁加以使用。而学习作为一种意外的收获就这样自然而然地发生了，它就像是做其他事情的一个副产品，比如从谈话对象那里获得一个微笑，或者从妈妈的声音中得到抚慰。

经过数万年的人类进化，婴幼儿的某些特质开始显现。同样，社会和文化习惯也出现在儿童的生活中，并支持着他们的学习。当谈到理解儿童的动机来自何处时，我们必须从两方面加以思考：一是儿童积极尝试掌握的东西，二是他们在学习过程中顺手习得的东西。儿童的学习是一个动态的过程，是先天能力和生活经验相互作用的结果。

学习的欲望甚至在出生之前就已存在。当他们的世界突然出现新的东西，需要去看、听、闻、品尝以及触摸时，胎儿和新生儿便会做出反射性行为，对这些信息加以组织并从中获得意义。这种反射性行为会不断进化，从而帮助年轻的物种适应环境。例如，生根反射（rooting reflex）和吮吸反射（sucking reflex）能够让一个无助的婴儿喝到其生存所需要的乳汁。有时候，反射会发展成更加复杂的行为模式，促进学习的发生，而它们就是动机产生的重要线索。

动机助推器 1：习惯化与新奇偏好

在一节二年级的数学课上，当弗里默老师转身在黑板上写乘法问题的间隙，阿伦便开始开小差。他一会儿摆弄铅笔，一会儿翻找书桌。当注意到坐他前面的萨曼莎的后颈时，他的兴致再次被激起。他开始乐此不疲地撕下数学作业纸的边角，将其揉成纸团。

人类会受新奇、变化、兴奋事物的激发，这一特质从婴儿时期开始，并贯穿整个生命过程。所谓习惯化（habituation），即对重复事件失去兴趣、对新事物产生兴趣，它是人类最基本的反射行为之一。如果恒温器突然将空调打开，一开始你会听到响亮的嗡嗡作响的声音，但是几分钟后，就算你努力听也不一定听得到。习惯化作为神经系统的一个基本属性，为人类忽视现有的环境（在这一环境中没有出现突如其来的威胁或奖励），将注意力集中到重要的新事物上提供了机制。习惯化也是抑制作用的一种基本形式，抑制作用作为一个复杂的认知策略，能够使我们抵御强烈的欲望，而这正体现了大脑额叶的功能。最后，习惯化被认为是最简单的学习形式。在关系到儿童的动机时，要着重考虑习惯化的影响，因为儿童一旦习惯了课堂上的学习环境，他们的注意力和兴趣就会下降。

习惯化与学习

发展科学家运用习惯化反应来测量注意力、感知和认知。因为胎儿和婴儿无法告诉我们他们的大脑在想什么，因此，研究人员必须从他们的行为中收集他们所感知和理解的东西。习惯化研究可以在胎儿还在子宫里时进行，在妈妈的肚皮上放上听筒，向胎儿传递相关信息（通常是声音加上振动），然后用超声波监测胎儿的反应。当反复提供相同的刺激后，胎儿会产生习惯化（身体停止运动），这时候再提供新的振动声音（比如变换一个音调），如果胎儿能够对新的音调做出反应，科学家们便可推断：胎儿能够感知两个音调之间的不同（McCorry & Hepper，2007）。

习惯化也可以用来评估婴儿出生后的学习情况。当婴儿对某件事物感兴趣时，他们会盯着看，而当他们感到厌倦时，便会将目光移开。所以，如果我们重复地给婴儿展示同一个事物，直到他移开视线，然后切换到一个新的事物（可能只是略微不同），我们便可以判断婴儿是否注意到了差异。习惯化反应与注意力和语言均有关。研究表明，能够迅速适应复杂事物的婴儿比那些适应期更长的婴儿掌握的词汇量多（Dixon & Smith，2008；Tamis-Lemonda & Bornstein，1989）。婴儿 1 岁时的习惯化评估结果还能够用来预测该婴儿在 1—8 岁期间的智商水平（McCall & Carriger，1993）。快速习惯化反映了人类具备对某一事物快速编码并存储记忆，当该事物再次出现时能够轻松识别的能力。

新奇偏好[1] 与学习

在适应了一个环境变化（比如突然启动空调）并不再关注该变化时，你

[1] 新奇偏好（novelty）是指对新奇事物或刺激的天生偏好。习惯化和去习惯化的研究表明，婴儿能够通过对新奇刺激的天生偏好进行学习。——译者注

的注意力会不由自主地被吸引到一个新的刺激事件上。大脑对新奇事物高度敏感（Wolfe，2006），这种对新奇事物和事件的偏好是动机产生的一个非常重要的线索。丹麦哲学家索伦·克尔凯郭尔（Soren Kierkegaard，1843/1985）认为，克服无聊的唯一办法就是像孩子一样看待这个世界，即对一切事物都充满好奇。科学家们也指出，新奇偏好是帮助婴幼儿不成熟的认知系统处理信息的一种有效方式。当一个孩子掌握了某个事物或事件所呈现的所有信息时，关注一些新的东西可以让他在短时间内获得更多的信息，这也是一个让孩子远离我们不希望他们做的事情的好策略。就在昨天，我通过新奇偏好，成功地让我的小儿子阿列克谢不再咬我的运动鞋鞋底（他新养成的一个不讲卫生的坏习惯），而是将注意力关注到被藏在高高的书架上的木制小火车上，简单的一句"啾啾"便让他的注意力转移到木质小火车上，运动鞋一下子失去了吸引力。有关记忆、语言、声音分类及数字识别的实验都显示，婴儿及儿童在很长的一段年龄范围内，对新奇事物都有一种行为、知觉和情感上的偏好（Diamond，1995；Lipton & Spelke，2003；Quinn & Eimas，1996；Saffran，Aslin & Newport，1996）。

缺乏新奇偏好的婴儿在童年时期往往会有认知障碍，此外，新奇偏好（就像习惯化一样）能够预测一个孩子日后的认知能力。6个月大时便对新奇事物有强烈偏好的婴儿，在成长为幼儿和儿童时拥有更好的记忆、语言及运动技能（Colombo，Mitchell，Dodd，Coldren，& Horowitz，1989；Fagan & Knevel，1989；Thompson，Fagan，& Fulker，1991）。由此可见，渴望学习新事物是人类天性中根深蒂固的一部分。

婴儿时期的新奇偏好会发展成童年时期的好奇心和探索欲。为了生存，动物必须积极探索。所有生物都具有一种叫作"知觉好奇心"（perceptual curiosity）的欲望，促使他们探索新事物，事物越新颖、复杂、出乎意料，越能够充分地满足这一欲望，诺贝尔奖获得者、生理学家伊万·巴甫洛夫（Ivan Pavlov，1927）将这一现象称作"探究反射"（investigatory reflex）。在实验室的情境中，当呈现一个新奇的、有吸引力的或者令人惊讶的物体时，儿童会表现出探索的欲望，这一欲望显然只有通过观察、感知或者操纵该神秘物体才能得到满足。通过触摸、操纵来探索从未见过的物体（比如装有照明灯、按钮和拉杆的盒子，缠着闪亮丝带的植物）对于一个年幼的孩子来说几乎是不可抗拒的。

儿童的探索欲促使着他们去学习。俄罗斯发展科学家亚历山大·扎波罗热茨（Alexander Zaporozhets）发现，儿童会主动地去了解某一情况的重要特征，他们会尽可能地尝试，为接下来可能要展开的艰难行动做好准备（引自Berlyne，1960）。在他进行的大量实验中，孩子们训练有素地按照一定的顺序按按钮（做到与闪烁的灯光保持一致），或者将一辆玩具车推出迷宫。进入实验室后，孩子们会自发地做一些事情来让自己熟悉这些设备的按钮、灯光以及其他功能，事实上也无法阻止他们这样做。对于年幼的儿童来说，最突出的探索形式便是触摸、感受手和手指的运动。随着儿童年龄的增加，这一形式会被眼球运动所取代。而最震撼的是，孩子们在前期检查中花费的时间越多，根据命令执行操作所需的时间越少。

小贴士

- 新奇、变化、兴奋能激发学习。
- 习惯化与新奇偏好反映了儿童快速编码的能力，并和他们的注意力、知觉与认知相对应。
- 大脑对新奇事物高度敏感。
- 探索能够为学习创造机会。

运用习惯化与新奇偏好增强学生的课堂动机

➢ 创建安全、可预测的课堂环境，明确期望与界限，从中逐步转移学生的动机

为了避免习惯化的不利影响、增强课堂教学的新颖性，你也不必将所有的规矩都抛出窗外。相反，那些基础扎实、有着丰富学习经验的学生最有意愿去探索和尝试新事物。在创建充满惊喜、新奇事物的课堂环境时，确保学生对安全的这一基本需求能够得到满足。这样可以使他们在冒险进行挑战、尝试新事物、讨论观点时感到安全，而明确的期望与界限是探索未知事物与新奇事物的重要基础。

奥地利哲学家、教育家鲁道夫·斯坦纳（Rudolf Steiner，1919）认为，儿童从日常惯例及连贯的事件转换中能够获得极大的安全感。在华德福教育模式中，基于斯坦纳的教学思想，像唱歌或吟诗这样的转换活动被运用于日常的教学活动中，成为每天固定的教学形式，给孩子们带来了极大的安全感。日常惯例逐渐发展成一种内在的知识，深深地扎根于学生的潜意识，从而使学生更加顺利地适应变化。同样，联系一年中四季的变化也能给学生带来一种可预测性，因为大自然虽然不断变化，但仍然是可辨认的。低年级阶段的教师也指出，强有力的惯例能够大大地减少纪律问题。

制定每日、每周、每季度惯例。以一首歌谣、押韵短诗或者点名的方式开始一天的教学活动能够给学生带来可预见感与安全感，从而激发学生的探索与学习。在设计教学时，要考虑到季节性节律，包括那些容易被忽略的节气，比如收割时节、夏至和冬至，以及春分和秋分。例如，一节有关秋分的跨学科课可以包含多种教学活动，比如，让学生收集树皮拓片、每天运用秋天的一种颜色进行作画（周一用红色、周二用橙色等）、介绍为过冬储藏坚果食物的动物、记录秋天气温的变化、学习光合作用等。

➢ 挖掘课程内容的戏剧性

社会学家詹姆斯·洛温（James Loewen，2007）的研究表明，美国历史充满了奇妙的、令人震惊的以及重要的故事事件，可用于激发学生的新奇偏好，避免习惯化带来的不利影响。然而，即使是小学阶段的学生在上历史课时仍是怨声一片，教科书所呈现的历史故事枯燥无聊、可以预测，书中的每一个问题都易于解决，并排除了所有的冲突与悬念。纵观各学科领域，当教师向学生展示课程中具有戏剧性的内容、要求学生推测争议的结果、鼓励学生探索奥秘和谜题、向学生展示两难问题的不同观点时，学生会受好奇心的驱使而被深深吸引。这些做法也可运用到数学教学中，数学被认为是一门无聊、死板的学科（而实际上该学科充满争议、挑战和变化）。六年级教师玛格丽特·安德森通常会以古希腊数学家毕达哥拉斯（Pythagoras）的故事以及他的发现"2 的平方根是无理数"开始平方根的讨论。请想象一下一个完全基于理性的文明会面临什么样的危机！

让学生针对同一事件提出截然不同的观点，以此思考过去的复杂性。例如，在进行一项有关奴隶制度的社会研究或者相关的语言学习单元时，在呈现历史事实之前，鼓励学生将从不同信息渠道获取的历史事实进行拼凑。你可以通过奴隶的自述、拥有奴隶主身份的美国总统例如托马斯·杰斐逊（Thomas Jefferson）的自传摘录、反映了奴隶制的电影片段、或者指出美国最早期的定居者来自非洲的文件资料等来呈现不同的观点。你也可以要求学生以不同的口吻来写日记，比如干活的奴隶、逃跑的奴隶、奴隶主、私藏逃跑的奴隶的贵格会（Quaker）教徒家庭、通过遣还逃跑的奴隶而牟利的奴隶捕手等（Czajka，2004）。在单元学习的最后，你可以以一场辩论赛或者话剧表演的形式结束该单元的学习。最重要的是，通过这种方式你将会激发学生的好奇心以及探索新知识领域的欲望。

➢ 需要激发、吸引、使之兴奋的，不只有你的学生，还有你自己

新奇事物不仅能激励学生，也能激励教师自己。教授一些新主题或者尝试新的教学方法可以吸引学生的参与。作为教师，你有得天独厚的机会在工作中不断学习。我发现，我教授得最有效的课程（既调动学生的学习热情又促进学生学习的）是那些令我也感到激动兴奋的课程。当第一次接触某个教学内容或者教学方法时，我需要更加努力地去准备每一节课，但回报也

是相当丰厚的。我的教学热情被点燃，和学生一起去理解课程主题、知识框架或者思想观点。对于一名教师而言，这样做听起来会有一定的风险，因为你无法百分百保证所布置的任务或活动能取得成功，但是，正如激进派教育家保罗·弗莱雷（Paul Freire）所言，“如果我们放弃以投资为目的的教育目标……教师便不再仅仅是教育他人的人，在与学生的对话中，教师自身也在接受教育”（1970，p.67）。好奇心不仅能激发人的动机，也具有感染力。

下一次带上你的学生一起去度假。当然不是让你真的带上他们，而是可以让学生参与到你的假期计划中来。为什么不围绕能激发你想象力的话题设计相应的课程，从而与班上学生分享你的兴趣和热情呢？假设你一直想要去秘鲁的马丘比丘徒步旅行。首先，你可以与班上学生一起规划制定秘鲁旅游路线，然后让学生根据地形、地势、气候绘制该地区的地图，他们可以因此得出你顺利地完成这次徒步所需要的食物、工具和物品，然后他们还可以回溯到 800 年前，理解那时的印加文明以及该地区的地理环境是如何影响他们的建筑、交通和农业的（例如，让学生制定一个菜园方案，该菜园要能满足一个印加家庭一年中对食物的需要）。印加的测量系统可以被导入到数学课程中，同样，印加神话也可被导入到创意写作任务中，即要求学生创作故事，故事可以通过图画描绘出来或者通过戏剧表演出来。任何目的地都可以从各种不同的角度去进行探索。不论你是计划一个真实的假期还是想象中的假期，让学生参与你的冒险计划能自然而然地激发他们的参与动机。

➢ 给学生制造惊喜

我们的大脑已经进化到能够记忆突发事件或者新奇事件的程度，因为基本的生存依赖感知原因和预测结果的能力。如果大脑预测到一个事件，发生的却是另一个事件，那么这种异常定会特别有趣，并会被相应地进行编码。神经病学家兼教师朱迪丝·威利斯（Judith Wills，2006）曾指出，在课堂上制造惊喜是最有效的教学方式之一，能够刺激学生的大脑。如果向学生展示一些新颖的事物或者让他们感受到来自教师或同学的出乎意料的热情，他们将更有可能去关注接下来发生的事情。威利斯曾写道，鼓励学生在课堂上积极探索可以让学生与新信息互动，将新信息移出工作记忆，并在大脑额叶中加工处理，从而形成高阶认知功能。新奇偏好通过吸引注意力、为发展感知系统提供刺激、提高思维能力、促进好奇和探索行为，从而让我们做好学习准备。

设计一节令人震惊的课。运用惊喜来吸引学生的注意力，并通过幽默、陌生感、奇异装扮及戏剧牢牢抓住他们的心（Pogrow，2009）。例如，在开始学习讲故事这一单元时，四年级教师朱莉在课堂的前 5 分钟不动声色地朗读了一个有关丛林中的猴子的故事，但她突然停了下来，拍了拍手臂，说有个虫子在咬她。随后，她又开始接着读，但是这一次她以一种更夸张的方式，通过各种手势模仿故事中的动物的行为。过了几分钟后，她又假装晕倒了。

当学生走近她后，她大声尖叫道：“我知道发生了什么，我被故事中的虫子咬了！”接着，朱莉让学生以小组的形式分享他们自己的故事。当感觉到学生讲故事的劲头平息下来时，她又大声叫道：“小心！小心！故事中的一大群虫子飞进教室里了。”学生兴奋地假装自己被虫子咬了，整个教室里充满了栩栩如生的故事画面。通过这一方式，朱莉成功地运用惊喜将故事写作中行为动词的使用这一课堂教学转变成一个令学生感到兴奋、刺激、有趣的活动（Pogrow，2009，p.92）。

动机助推器 2：自信

凯莉清楚地记得自己停止画画的那一年。一开始，学校给予她充足的时间和美术用具去画画，创作一些天马行空的、色彩鲜艳的生动作品。

她画了数百张有关她家房子和猫的画像。然而，在她三年级时，学校启动了“每周艺术之星”项目，因为一次都没有被评选上，凯莉逐渐意识到自己的作品并没有那么好，获奖的学生比她上色上得好，他们画的猫看起来也更加逼真。自此之后，凯莉对学习艺术的热情逐渐消失了。

自信能帮助孩子学习。作为成年人，我们通常对自己最擅长什么、什么东西对我们来说很容易会有一个准确的认识。自信是迈向成功的第一步，相反，如果我们在某门学科上有过一段不愉快的学习经历，那么我们很可能会给自己贴上标签，认为自己学不好这门学科。当我们认为不论多努力也做不成某事时，我们很快便会放弃。我曾碰到过无数这样的学生，他们认为自己不擅长某门学科，很久之前便放弃了对该学科的学习。即使情况有变（他们可以学好该学科），这些学生早已失去了尝试的动力，这一情况被称作“习得性无助”（learned helplessness）。而对成功的可能性进行评估可能会解决这一问题，因为它可以防止我们低估自己，但也会阻碍我们尝试和体验新的事物。

保护和建立孩子的自信非常重要。在一项由一名旧金山教师和一名加利福尼亚大学心理学家开展的经典研究（Rosenthal & Jacobson，1966）中，小学教师被告知班上有 20% 的学生表现出超凡的学习潜能（这些学生被称为“智力超群学生”）。然而，老师们不知道的是，这些学生只是随机选取的。到了学年末，那些被期待会有更好表现（但并不是更加聪明）的学生果真取得了更优异的学业成绩。这一效应在低年级阶段的学生身上尤为明显。更令人吃惊的是，被贴上“智力超群”标签的学生在智商测试中的得分也更高。很显然，教师的持续关注和期待给这些被认为肯定会取得学业成功的学生带来了一定程度的信心。

过度自信

幸运的是，缺乏对自身能力的准确认识常常会令儿童充满动力。众多研究发现，儿童对他们自身能力和倾向的评价要远远高于他们的实际表现。在被问及时，他们会高估自己的特长、社会地位、记忆、体能、知识和智力。在一次实验中，650 名来自二年级至五年级的小学生在尝试挑战性的任务之前被要求评估他们自身的学习能力和身体技能。年级越低的学生通常对自己的评价越高，评价随着年龄增长成线性下降趋势（Marsh，Barnes，Caims，& Tidman，1984）。其他一系列的研究也发现，学龄前儿童一向会高估自己对复杂行为的模仿能力，因此他们总是会去模仿一些远远超出自身能力范畴的行为。在模仿某一复杂行为失败之后（比如从几米远的地方向篮筐中投球），他们也同样无法准确地评价自身的表现。当研究者问“你做得如何”时，他们会回答“我做得很好”。有趣的是，智商越高的学龄前儿童越倾向于高估自己（Bjorklund，Gaultney，& Green，1993）。这听起来好像有悖常理，但儿童做一些超出其能力范围的事情有助于提高他们的能力。

在另一项研究中，幼儿园的孩子、一年级的孩子和三年级的孩子分别进行词汇记忆测试，在学习词汇之前，孩子们被要求估算自己能够记住多少。结果发现，判断不够准确的孩子比那些判断较准确的孩子在测试中取得的进步更大，高估自身能力能够获得更高的认知发展（Shin，Bjorklund，& Beck，2007）。发展科学家戴维·比约克隆（David Bjorklund）与同事（Bjorklund，Periss，& Causey，2009）提出，自我评估能力的欠缺鼓励儿童尝试更广泛的行为，从而让他们不断实践和提高。积极的态度，加上儿童好动、爱探索、贪玩的本性，极大地激发了他们学习一些原本不会去尝试的新行为。正如《小火车做到了》（*The Little Engine That Could*）这一经典儿童故事所表达的那样，成功来自自信。

运用可视化手段增强信心

信心能够促进学习的一个原因在于，对于你的大脑而言，想象中的成功与实际中的成功没有什么不同。可视化和心理训练研究表明，将成功地完成某一艰难任务时的景象生动地描绘出来可以增加成功的可能性。这一结论在掷飞镖、奥运体操等运动项目以及克服在全班同学面前当众演讲的焦虑中均得到了验证（Ayres & Hopf，1990；Straub，1989；Unestahl，1983）。在一项引人注目的研究中，学生仅仅只是想象锻炼自己的手臂肌肉，结果，相关肌肉群的力量果真得到显著增加。脑电位测试表明，就控制肌肉力量增加的大脑区域而言，心理训练的效果与体能训练的效果没什么不同（Ranganathan，Siemionow，Liu，Sahgal，& Yue，2003）。

在另一项令人震惊的研究中，两组从未弹过钢琴的研究对象被带进实验室。简单学习了钢琴指法之后，第一组研究对象每天练习 2 小时钢琴，一共练习 5 天，第二组研究对象则想象自己在练习，研究人员通过可视化的手段使他们清晰地感觉到自己正在弹钢琴。结果发现，练习钢琴的研究对象的大脑与想象自己在练习的研究对象的大脑在与手指运动有关的大脑区域都发生了结构性的变化。同样令人震惊的是，只是想象自己在练习的实验小组的钢琴演奏能力也得到了显著提高（Pascual-Leone et al.，1995）。足以可见，相信自己能够做某事会使人产生动力，让成功可视化，从而促使人成功并获得更大的自信。

小贴士

- 自信可以帮助儿童尝试和体验新事物。
- 过度自信对能力和认知发展有积极影响。
- 将成功可视化会增加成功的可能性。
- 对大脑而言，想象做某事与实际上做了某事的结果没什么不同。

运用自信增强学生的课堂动机

➢ 给予学生细致的、具有建设性的反馈，鼓励学生发挥优势并改善自身的不足

我们老师经常会从家长和学生那里收到数以百计的赞美，但却能因一次侮辱而被摧毁，由此可以想象批评对于一个年幼孩子的影响！阿德里安娜麦克－基尔希纳（Adrienne Mack-Kirschner，2004）老师永远不会忘记在她六年级时，一次音乐课上，当全班学生在唱《三只盲鼠》（*The Three Blind Mice*）时，老师在教室中来回走动，突然走到她身边敲了敲她肩膀。阿德里安娜以为老师敲她肩膀是因为她唱得好，于是唱得更欢快、更大声了。跟爸爸一样，阿德里安娜也喜欢唱歌。她自然地屏住呼吸，等待表扬，没想到老师却说了句："敲你肩膀是让你停下来，知道吗？你都唱跑调了，毁了其他同学的歌。"阿德里安娜悲伤地说道："我到如今都还记得当时停止唱歌的情景，近40年过去了，我才重新找回唱歌的自信。"（p.4）

对学生的学校表现进行反馈可以给学生一个有价值的标准衡量自身的学习，但在给予反馈时，如果不慎重，负面反馈会极大地损伤学生的自信和动机。想让反馈有效，在给予反馈时必须要及时并尽可能地清晰明确。建设性的反馈应包含鼓励，并且不要同时关注行为的许多方面。正面反馈应该让学生清楚地知道自己哪方面做得好。除了表扬一句"做得好"之外，你可以告诉学生他哪些地方做得好（例如，"我看到你使用高对比度的颜色和闪光片画出了这些形状"）。帮助孩子明确自己的学习过程可以促进孩子的自我反思和自信，而这两者都是学习的增强剂。

任何时候批评孩子时，一定要针对他的表现而不是针对他这个人进行评论。在一项发人深省的研究中，幼儿园小朋友通过角色扮演表现出学校中的一些挫败场景（例如，不能正确地堆积木、吃完点心没有完全清理干净）。然后，老师分别以过程导向的反馈（例如，"这些积木堆得弯弯曲曲的，一片混乱，也许你可以尝试其他办法"）或者个人导向的反馈加以点评（例如，"这些积木堆得弯弯曲曲的，一片混乱，我对你很失望"）。随后，孩子们又被要求用乐高积木搭建一个房子，这一次老师给出了中肯的反馈"你搭建的房子没有窗户"。

当被要求点评自己的乐高房子和自我表现时，那些被告知他们很令人失望（得到个人导向反馈）的孩子认为自己不够聪明，并表示不太愿意去重新搭建或修理自己的房子；而得到过程导向反馈的孩子对自己搭的房子很满意，即使没有窗户，他们也认为自己的乐高作品明显优于其他同学的作品，同时他们也坚信自己很聪明。这些孩子希望有机会重新建造自己的房子，这一次要安装上窗户，按照老师的反馈和建议尝试其他办法（Kamins & Dweck, 1999）。

完成一个项目之后，让学生去思考他们在学习过程中所经历的步骤。可以让学生通过图画或图表等可视化的形式展示自己在完成某一任务过程中的痛苦与困惑，让学生自己去评论哪些掌握得好、哪些对他而言最难，以及情况变化时他们又做了什么。项目结束后的书面评价可以留一个板块用作自我反馈和教师反馈，成绩和评语可以通过讨论来协商确定。可以问学生“你觉得这反映了你所做的工作吗？为什么？”，并认真对待他们的自我评价。

史密斯学院实验小学（Smith College Campus School）的五年级学生每天在放学前都要填写一张学习评估表，他们要回答以下问题，例如，你今天学到或练习到的两件事是什么？你这周有什么学习目标？为实现这个目标，你有什么计划？今天的课堂学习对你有哪些帮助，同时你遇到了哪些困难？每日学习评估表会被放进学生课桌上的档案袋中，在学期中和学期末时与老师一起回顾。通过这种方式，学生可以知道自己擅长什么以及在哪些方面需要更加努力。习惯于表达自身长处和喜好的孩子能够保持自信并提升自己实事求是地进行自我批判的能力。

➢ 当学生不是为了获得正确的答案或高分而勇于尝试时，要给予学生适当的奖励

我记得在我上一年级的那年三月份，我们花了整整一个星期进行一个特殊的艺术项目——制作风筝。首先要用彩色蜡笔将一大张图纸完全涂满，然后再涂上黑色油漆。当油漆干了后，彩蜡会透过油漆神奇地显现出来，然后我们将图纸剪成一个菱形形状，并运用四个边角的废料制作风筝的弓。我对自己制作风筝感到很兴奋，于是比其他任何同学都花费了更多的时间进行涂色，将每一部分尽可能地涂黑并用蜡笔涂上足够鲜艳的颜色，以便彩蜡能够神奇地显现出来。当使用模板切割弓的时候，我巧妙地利用左边的两个三角形边角废料计算出所有四个弓的长度。这并不容易，但只要将左边两个三角形边角废料向右旋转一下，便可以成功。然而，我的老师安杰斯夫人（Mrs. Angers，事实证明真是人如其名）将听从命令看得比主动性和创造性更加重要。她让我当着全班同学的面承认自己没有听她的要求，从而没能够将风筝做好，然后罚我站在教室的角落里，直到这一天的课程结束。我站在角落里哭了，感受到莫大的屈辱和羞耻，我的风筝也被扔到一边，再也没能完成。

冒险对于认知发展很重要。然而，害怕达不到标准、害怕犯错或者害怕难堪常常会阻止孩子去尝试。研究表明，愿意冒险问问题、分享自己的初步想法或者尝试新事物的孩子对身边的话题往往表现出持续的兴趣。他们也更加自信，能够进行更深入持久的学习（Beghetto，2008）。

然而，不幸的是，学校中的很多学习程序会压制创造力的发展，而两个最大的创造力杀手便是监视和评价。如果学生感受到你在监视他们，不断地观察和评判他们的工作，他们便开始担心自己做得怎么样，而这会扰乱他们的自信。作家兼小说家琳达·巴里（Lynda Barry，2008）提到，老是问自己"这样好还是不好"多年来一直困扰着她的写作，只有当她停止问这个问题时，写作思路才会不断涌现。监视会使冒险的冲动隐藏起来，过度控制亦如此。当把完成某一项目或问题的解决步骤一一告诉孩子时，他们便会觉得创新是种不当行为，探索就是在浪费时间。明确地告诉孩子应该做什么以及如何做只是在鼓励孩子简单机械地听从指令，使得他们的学习热情和兴趣一下子冷却。同样，外部奖励、竞争和压力会剥夺孩子创造的快乐和喜悦，练习突然变得有输赢、自我评价代替体验尝试亦会如此。对孩子的表现寄予不合理的期望会打击他们的信心，迫使他们表现和顺从，从而使得他们的创造力无法得到发挥（Amabile & Hennessey，1992）。

评分只是当今教育体系中使用的一种控制方式。从本质上来讲，分数只是在告诉学生“考得好是对老师负责”。然而，点燃孩子的心智、让他们懂得关心自己的学习是维持孩子学习动力的更好方式。与其将孩子根据能力水平进行分类，为什么不去让孩子爱上学习、学会对自己负责呢？问一句“你想要尝试一下吗？”比起其他任何胡萝卜加大棒的方法（软硬皆施的方法）都更能激起学生持久的学习动力。

帮助学生养成对身边的事物包括观点、书本、教师和同伴进行提问的习惯。鼓励提问的一个好的方式是指定提问任务。下一次在你开始某一单元或某节课的教学时，可以让学生围绕该教学主题提出 100 个问题。例如，在一节教学主题为 E. B. 怀特（E. B.White）的小说《夏洛的网》（*Charlotte's Web*，1952）的语言艺术课上，首先可以让学生围绕故事事件进行提问，比如威尔伯为什么有危险？当夏洛开始表扬他时发生了什么？然后可以让学生提一些更具分析性的问题，比如，在现实生活中，动物之间是否存在友谊？动物是否拥有跟人类一样的情感？他们可能只能想出二三十个问题，然后开始异想天开甚至会产生类似于“如果夏洛有 1000 万个孩子，他们会经营农场吗？”之类的愚蠢想法。当学生确实想不出其他问题时，可以让他们与其他同学组成小组，将各自的问题累加起来，看看能不能凑到 100 个问题。孩子们越是喜欢提问，他们的思维越容易得到拓展，他们也更敢于挑战身边的人和观点。

➢ 让学生在小组或团队中进行学习和评价，这样他们便有机会参与到更大的团体中，而不会只关注自己

苏联发展科学家利维·维果茨基（Lev Vygotsky，1930/1978）主张合作学习，因为他认为意义是在社会互动中建构的。他还发现，合作学习所达到的水平比独自学习达到的水平要高。当孩子们进行合作学习时，他们更容易专注于学习的挑战上，而不去关注是否取得好成绩。而在自信心方面，同伴学习和小组学习可以分散独自学习时所感受到的压力。最后，同时也是最重要的一点，大量的证据表明，合作能够促进和深化学习，即使是对于随后的独自学习而言，也有非常重要的作用。

让学生结对去完成通常由一个人完成的任务。写作就是一个很好的例子。可以让学生合作完成一首诗歌或一则故事，每个学生只看前面一行，然后自己再写一行，依次接龙。在大声朗读最终的作品时，你会发现这些句子非常有趣。即使是简要回答或者写作考试也可以采用小组合作完成的形式，学生之间互相帮助，记忆测试中所出现的重要信息。我经常让我的学生互相评阅文章，但发现他们很难说出文章的哪些方面需要修改。相反，如果让他们重写其他同学的文章（即将被点评的文章变成自己的文章），他们就能找出问题所在。文章可以多次传阅，这样每个学生都有机会与很多同学一起合作，从而使自己的作品达到最好水平。在这个过程中，他们将学到大量他人的思想、语法、结构知识以及写作过程，同时也开始学会将自信和个人成绩割裂开来。

➢ **教学计划应能够突显多元化教学模式的优势，让每个学生都有机会大放异彩**

在詹姆斯·豪（James Howe）的儿童绘本《霍里斯和莫里斯加入了合唱团，而多洛雷丝呢？》（*Horris and Morris Join the Chorus, but What About Dolores?*）中，三位很要好的老鼠朋友一起参加合唱团的选拔，但只有两只小老鼠成功入选。第三只小老鼠多洛雷丝被告知她的嗓音不好，这使得她一下子觉得自己失去了所有的乐趣。在悲伤落寞之际，她给合唱团领导写了封信，表达自己对音乐的热爱。合唱团领导惊讶地发现多洛雷丝很会写作，于是，立即招募她为合唱团创作即将要唱的歌曲。

哈佛大学心理学家霍华德·加德纳（Howard Gardner）对这本儿童绘本赞不绝口。他的多元智能理论（1993）解释了人类具备各种各样的能力以适应身边的环境。加德纳发现，过去那些基于智商测试而得出的有关技能的传统定义会限制人的潜力和创造力。不幸的是，我们的教育体系以及更广泛的文化层面都将语言和数理逻辑能力看得比其他智能更重要。然而，如果没有艺术家、建筑师、音乐家、博物学家、设计师、舞蹈家、治疗师、企业家以及运动员用他们的才华去丰富这个世界，我们的世界又会是什么样子呢？我们应该平等地看待语言智能、逻辑与数理智能、空间智能、身体运动智能、音乐智能、人际智能、自我认知智能以及自然认知智能所对应的独特的思维方式（Gardner，1993）。

采用最适合学生的教学模式进行教学（即根据学生是听觉型学习者、视觉型学习者还是动觉型学习者确定教学模式）确实能够提高学生的学习（Bellflower，2008；Douglas，Burton，& Reese-Durham，2008）。另外，研究表明，比起单一的教学模式，采用多元教学模式能够让所有的学生获益（Mayer，1999；Mayer & Gallini，1990）。例如，使用文本和图片相结合的形式教授复杂的内容比只使用文本教授该内容更加有效（Gellevij，van der Meij，de Jong，& Pieters，2002）。

将讲授的内容与八大智能结合起来。不论教什么主题，想办法将该主题与文字（语言智能）、数字或逻辑（逻辑与数理智能）、图画（空间智能）、音乐（音乐智能）、自我反思（自我认知智能）、身体活动（身体运动智能）、社交经历（人际智能）或者自然界中的一个现象（自然认知智能）建立联系（Armstrong，2009）。

比如，在上一节植物学课时，不要只是简单地告诉学生树的名称和特性，让学生走到树林中去，挑选一棵属于自己的树，让他们尽可能地收集一些有关这棵树的信息。你可以要求他们将树画出来、测量树的尺寸，或者带上数码相机进行拍摄。他们还可能会发现脱落的树皮、落叶或者果实，从中选择一些作为标本，然后回到教室中，便可以使用这些收集到的信息。你可以让学生自由搭档，并蒙住其中一名搭档的眼睛，由第一个学生对自己的树进行描述，另一个学生负责想象，描述应尽可能地从多个方面展开，比如，树的颜色、叶子形状、果实、树皮的触感等。如果他们收集到了相关的样本，比如一块树皮或者一片叶子，可以要求描述的学生让搭档感受一下这个样本，然后搭档可以摘除眼罩，将所介绍的树尝试画出来。在这一过程中，学生的空间、视觉、言语、动觉和人际智能都将得到充分运用。

接下来，可以要求学生将自己的树木拟人化。在思考过树的形状、大小、颜色和结构之后，可以让学生想象一下如果树木具有人类的特征会是什么样子。它的声音是高还是低？如果能够移动，它移动得是快还是慢？可以让学生用黏土制作树的模型，并赋予它人类的特征，或者让学生在小组成员面前将树的特征模仿表演出来，还可以让学生发挥自己的语言智能，写一个配有插图的故事，讲述自己的树以及它的冒险经历。

你还可以从当地的伐木厂找一些树的切片，将它们带到课堂上，教学生通过数年轮来计算每棵树的年龄，并让学生围绕这棵树的一生编写一个故事。你可以继续要求学生采用拟人化的方式，以树的口吻创作故事。“1955 年的春天，我经历了这一生中最漫长的雨季！我吸收了充足的水分，于是那年夏天多结了 100 多个松果。”通过这种方式，可以充分调动学生的语言、空间、逻辑与数理智能。最后，可以让学生想办法记住 20 种当地树木的名称（可以让年龄大些的学生学习用拉丁文表达树的属和种类）。学习小组可以使用任何他们想要使用的技术工具，但必须鼓励他们通过尝试韵律、歌曲、图画使记忆牢固，这样做可以调动他们的听觉、音乐智能和人际智能。

很多课程都适合采用多元化的教学模式。活动几乎可以应用到任何领域或任何学科的学习中，这些活动包括小组讨论、写日记、编排舞蹈、编写大事记、表演戏剧、视频制作、故事创作、制作图表或维恩图、设计海报、给专家发邮件、雕刻模型或者创编歌曲等，每一个活动都会综合运用到学生的多种智能。运用多元智能理论可以让学生从很多层面参与学习，同时还能增强他们的学习动力。

动机助推器 3：游戏

6 岁的彼得开心地尖叫起来，他正在画一群奋力奔向巢穴的蚂蚁。这群蚂蚁拼命逃亡，为任何可能出现的紧急情况做准备。“嘘—，快看，一大群蚂蚁来了！”彼得一边叫喊一边开心地描画着雪崩时的场景。就这样持续了将近一个小时，彼得通过画纸和笔画出了一个生动的画面。他一点也不关心作品完成得如何以及别人会怎么想，他的整个思绪已经将他从卧室带到蚂蚁的小世界。

游戏是一种非常自然和自发的学习方式。儿童天生爱玩，在玩中不断探索、发明、创造和激发好奇心。作为儿童主要的消遣方式，游戏占据了他们大部分的时间和精力，对他们来说充满了无穷的乐趣和吸引力。然而，游戏的激励作用不能被夸大。儿童和其他灵长类动物喜欢游戏不是因为他们知道游戏能帮助他们学习，而是因为他们能够从中感受到快乐，而当它不再有趣，儿童便会停止游戏。游戏是童年时期的典型特征，有时被定义为“少年特有的行为”。它也是人在成长过程中，尤其是最容易接受知识时期的核心活动，是一种理想的学习工具。

游戏深深地扎根于进化适应的过程中。它在哺乳动物中随处可见，在鸟类、鱼类以及那些有着丰富行为体验的物种身上均能经常看到，而在具有更高认知能力的动物身上能够看到一些更复杂的游戏形式。为了让这一独特的动机系统得以进化，它必须要能发挥重要的生物功能。譬如，与同伴一起游戏可以让同一个物种的成员加强彼此的联系，让他们学会辨别对方，学习正确的行为以及更好地沟通交流，而这些都是群体生活必须掌握的重要技能。科学家认为，少年时期的游戏是对成人行为的一种练习，它反映了人类对于掌握有效的成人活动所需技能的一种不可抗拒的渴望。而拥有游戏的时间也许就是我们童年期延长存在的根本原因。

研究表明，成熟周期越长的动物，游戏的周期也越长。人类（成熟周期最长，认知也最高级）需要花费数年时间才能开发出复杂的、具有象征意义的游戏，作为成人角色和社会化的实践活动。在研究了古代至 20 世纪的文化之后，荷兰历史学家约翰·惠钦格（Johan Huizinga，1971）得出的结论是，游戏是人类文明的基础，这些文明包括科学、法律、体育以及贸易。同样，俄罗斯哲学家米哈伊尔·巴赫金（Mikhail Bakhtin，1965，1984）也提到，所有的文化创新都源自一些有趣的东西。

全世界的儿童都拥有强烈的游戏欲望。首先，婴儿能够从看护人的话语、歌声以及护理中感受到看护人对他们的逗弄。2 个月大时，婴儿开始学会微笑，能够对看护人的逗弄做出回应。在接下来的几周和几个月里，婴儿开始通过吮吸、挥舞、反复敲打尝试操纵身边的物体以及自己的身体。从 6 个月大的时候开始，婴儿大部分醒着的时间都在通过嘴和手探索以及操纵物体，包括对两个或多个物品进行区分，了解其独特的功能和属性。能够在游戏中接触到更多实物的孩子比接触较少实物的孩子在使用简单的工具上更加得心应手（Gredlein & Bjorklund，2005）。

人类和非人类灵长类动物在物体操纵方面具有惊人的相似性，这表明这些行为经历了一个进化演变的过程。然而，大约从 1 岁开始，孩子的游戏便与其他灵长类动物的游戏有所不同，变得更有目的性和象征性。孩子们首先从模仿性游戏开始，然后过渡到更具社会形式的游戏，比如轮流游戏和角色转换，最后再到人类所特有的社会幻想游戏。人类也是唯一一个终生游戏的物种，这导致人类能够持续地学习和完善自身的行为。

游戏首先是一种自愿性的活动，而且根据定义来看，它必须是自由的，不设置明确的目标和要求。孩子和动物有强烈的游戏动机是因为他们喜欢玩，玩能够促进认知的发展。在游戏的过程中，孩子可以一边观察情况一边采取各种办法应对，他可以假设或想象许多可能的新情况，并想出应对策略（譬如拓展自己的想法、理论及行为模式）。根据维果茨基的理论（1978），孩子在游戏的过程中会表现出强大的自我控制力，因为在游戏的过程中他要能够克服现实世界中的知识的羁绊。例如，孩子必须抛开对棍子的已有认知，才能将它变成一匹马。因为从其定义来看，游戏无须考虑一个事物在现实世界中是什么样子，在游戏的过程中孩子可以随意尝试和冒险去做任何他在其他情况下不能做的事情，而这些尝试和冒险对于学习至关重要。

社会与历史情境下的游戏

2000 多年前，古希腊哲学家柏拉图（Plato）就主张通过让孩子玩玩具帮助他们成长。然而，自工业革命以来，西方社会对让孩子自由游戏这一观点褒贬不一。一方面，有人认为，游戏会影响工作和学习，于经济、社会和道德都是无益的（这一观点将游戏与懒惰和无所事事联系在一起）。教师兼作家约翰·S. C. 阿博特（John S. C. Abbott）在他 1839 年所著的《让年轻人拥有真理和责任的指南》（*Guide for Youth to Truth and Duty*）一书中曾警示过："如果将求学时光都浪费在无所事事和游戏上，将来无论你干什么工作都不会取得成功，你将会穷困潦倒一生。"（p.12）而另一方面，儿童早期教育工作者和教育学家（如让－雅克·卢梭、玛丽亚·蒙台梭利、约翰·杜威以及鲁道夫·斯坦纳）都一致认为，游戏对于学习和发展至关重要。

如今，我们对于游戏的看法更加两极化。众多关于游戏的研究发现，孩子们在家以及在学校的生活被越来越多的学习任务所充斥。市面上大量精心策划的讯息让家长们坚信，孩子要想在社会中获得成功必须提前做好准备，于是他们醒着的每一分钟都被家长要求进行一些成就导向的活动。据估计，在过去的 30 年中，孩子们在家自由游戏的时间减少了三分之一，导致这一现象的原因是人们（错误地）认为事先的学习准备会提高学校中的学习（Burdette & Whitaker，2005）。与此同时，为了响应《不让一个孩子掉队法案》（2001），教师和学校董事会缩短了学生自由游戏的时间，用于阅读和数学学科的学习。此外，在过去的 20 年里，每天至少有一次课间休息的美国学校的数量下降了近 30%，而课间休息是孩子们在学校中进行交谈、奔跑、游戏以及和同伴在一起而没有成人干预的唯一时间（Holmes，Pellegrini，& Schmidt，2006）。一些学校管理者和教师认为，通过限制或取消课间休息是在给学生增加学习机会，而事实却并非如此。作为对此错误认识的回应，联合国人权事务高级委员会公开表明，游戏是每个孩子的权利，对于孩子的最优发展至关重要（Ginsburg et al.，2007）。

将游戏时间用于更正式的学习活动会直接影响学习，尤其是对于婴幼儿而言。在一次有名的实验中，捷克发展科学家哈努斯·帕波塞克（Hanus Papousek，1977）训练婴儿在听到铃铛声音时转头，训练分别从孩子出生、出生 31 天以及出生 41 天开始进行。出生后便开始接受训练的婴儿比稍大些接受训练的婴儿需要更多的时间学习该行为。更令人惊讶的是，8—16 个月大的婴儿掌握的词汇量比他们所观看的、旨在促进婴儿认知发展的“教育短片”［比如，《小小爱因斯坦》（*Baby Einstein*）或《聪明宝宝》（*Brainy Baby*）］中出现的词汇量要明显少很多（比观看的视频中每小时所出现的词汇少 6 ～ 8 个）（Zimmerman, Christakis，& Meltzoff，2007）。这些发现被媒体加以报道，给那些面向婴幼儿群体推广“教育短片”的企业带来很大压力。2009 年，迪士尼公司承认将这些视频包装成教育短片具有误导性，可能对婴儿有害，随后他们向在过去五年里购买了《小小爱因斯坦》视频的顾客提供了全额退款。

仅仅被动地观看无法调动婴儿在主动探索世界的过程中所使用到的感官系统。发展科学家发现，当 12 个月、24 个月以及 36 个月大的婴儿在玩玩具时，将电视机开着，既会干扰孩子的注意力，也会影响玩的质量，即使没有要求孩子将注意力关注到电视上，也会产生这样的效果（Schmidt，Pempek，Kirkorian，Lund，& Anderson，2008）。如果给予婴儿和儿童足够的时间和空间去游戏，我们会发现，他们会去尝试各种富有想象力及创造性的想法和假设，他们也会制定和改变规则，并乐在其中。在游戏的过程中，他们会去做选择和决定、与他人协商、发挥想象力和创造力、独立思考和行动、保持身体和精神的高度参与，以及对观点和物体进行探索和调查。换句话说，游戏中的孩子会展现出所有我们认为很重要的认知技能。

以儿童为主导的自由游戏

一些主张儿童应该多游戏的提倡者曾提出，在孩子游戏的过程中教师应加以引导，从而帮助他们提高游戏的质量或者为更有效地利用时间做准备。然而，研究表明，非结构化的自由游戏对于学习至关重要，孩子在独自游戏时所表现出的技能具有很大差异。在明尼苏达大学发展科学家进行的一系列实验中，当一群学龄前儿童在包含成年人的小组中游戏时，他们无法表现出复杂的语言技能，而让这一批孩子只跟同龄人一起游戏时，他们的语言表达更加准确、清晰（比如，能够正确地使用代名词），更像一句结构完整的句子（会使用因果连词和时间连词，比如，“然后”“因为”），而这样的语言水平在早期读写能力测试中算是很不错的表现。在这些研究中，当成年人不再参与孩子们的游戏时，他们天马行空自由想象的能力也得到了发展，他们会去尝试更多的角色，比如扮演成年人和老师（Pellegrini，1984，1985；Pellegrini & Galda，1993）。

与成年人交谈很难促进孩子的学习，因为孩子不太可能会去质疑或挑战成年人。研究人员指出，当孩子和成年人互动时，通常是成年人在主导互动的过程，尤其对于那些没有社交经验的孩子更是如此。然而不幸的是，这些没有足够社交经验的孩子往往只希望在操场上与成年人进行游戏互动。

以儿童为主导的自由游戏的重要性不能被夸大。当孩子掌握主动权时，游戏更有意义。在一项研究中，研究人员让1—2岁的婴儿自己去玩复杂的象征性游戏或者在妈妈的带领下玩该游戏，并加以观察。研究结果显示，当合作的过程中象征性游戏增加时，有妈妈的指导或其他提示的孩子比自己掌握主动权的孩子尝试的游戏简单得多（Fiese，1990）。在另一项重要的研究中，幼儿园孩子被要求回忆前一天的课堂活动（包括听故事、唱歌、堆积木、画画、埋种子、烤面包、吃零食），并被问到这些活动哪些是“课堂作业”，哪些是“课堂游戏”。所有由老师指定的活动包括堆积木、唱歌都被孩子认为是“课堂作业”，即使是那些自愿的但由老师指导的活动也被归类为“课堂作业”，唯一被当成“课堂游戏”的是那些孩子们自己直接控制的活动（King，1979）。如果我们对孩子对于自由游戏的认知、社会和情感需求足够敏感，孩子们将能够感受到创造力、自发性、独立以及掌控主动权所带来的快乐。玩得多的孩子更加快乐，他们能够与同龄人更好地相处，并从中感受到更多的乐趣，他们也能够更加积极地参与课堂，在学校中的表现也更好。

社会评论家曾指出，社会中存在一些矛盾现象，譬如某些空间声称是供孩子游戏而实际上却是为了满足成人的需要。一个研究小组发现，在迪士尼乐园中，原本为孩子设计的富有想象力的游戏不仅不见了，实际上也不允许孩子玩。比如，当孩子在墨西哥馆的楼梯台阶上不由自主地跳起墨西哥草帽舞时，他们很快便会被工作人员制止并被引导回指示线内（Kuenz，Willis，& Waldrep，1995）。然而，即使是善意的提醒也可能会影响孩子的自由游戏。

为了确保成年人不干涉孩子的自主和自由（进而影响他们的学习），丹麦的幼儿园通常会为孩子专门设置一个房间，不允许成年人进入。每当我向学生提起此事，他们就会恐慌，脑海中涌现出《蝇王》（*The Lord of the Flies*）中的场景。大多数人会担心孩子们会伤害自己或他人以及无法处理一些不可避免的冲突，而日本的早期教育工作者则倾向于同意丹麦幼儿园的做法。在他们看来，即使是肢体的冲突（比如，互相拉扯玩具）对于孩子而言也可以是有价值的学习经历。他们认为，孩子首先必须要有孩子样儿，学校的目的就是让他们了解社会的复杂性。而在发生肢体冲突时不去干预，则是给孩子机会去学习如何在没有外在干涉的情况下解决分歧，教师的介入反而会剥夺这一机会（Tobin，Hsueh，& Karasawa，2009）。

游戏与认知发展

儿童的认知主要通过游戏得到发展，能够认识到这一点对我们来说至关重要。维果茨基（1930/1978）指出，游戏以浓缩的形式涵盖了一个孩子的所有发展趋势，也是其自身发展的源泉（因为孩子在游戏的过程中经常会表现出超越其实际年龄的行为）。当孩子学习与他人及环境互动时，他们也在学习思考。游戏能够提升孩子的阅读水平、智商测试分数、创造力以及想象力。幼儿园孩子在课间自由游戏时的行为能够预测他们在一年级的学业情况（Hirsh-Pasek & Golinkoff，2003）。

在一个起初是为黑猩猩而设计的研究过程中，发展科学家们发现，自由游戏能够提升儿童的问题解决能力。在实验中，孩子们被带进一个放有木棍的房间，这些木棍可以连接起来变成更长的木棍。除了被告知可以触碰这些木棍外，孩子们没有收到任何其他指示。在自由游戏了一段时间之后，研究人员给孩子们提出了一些问题，解决问题的办法是将这些木棍连接起来，制作成一个拓展工具。结果表明，孩子们通过自由地摆弄木棍能够解决问题（有时候甚至比给予他们指导还要有效）。他们对物体的处理越复杂，所能解决的问题就越复杂（Cheyne & Rubin，1983）。

在另一个经典的实验中，研究对象为一群学龄前儿童。第一个实验小组的儿童可以自由地使用以下四种工具（回形针、纸巾、一把螺丝刀和一块木板），第二个实验小组的儿童被要求模仿成年人使用这些工具，运用其经常会使用到的功能，第三个实验小组的儿童什么工具也没有看到，只是被要求画出任何他们想要画的东西，然后研究人员让孩子们去想象这些工具可以有哪些用途。自由使用工具的实验小组比其他两个实验小组针对每一个工具的功能提出了更多全新的、不同的想法，这一结果表明，自由游戏有助于培养儿童的创造力（Dansky & Silverman，1973）。

在另一个有趣的研究中，一名儿科医生兼研究人员给来自中低收入家庭的学龄前儿童提供了一盒木制积木，并要求孩子的父母将孩子玩积木的频率记录下来。令人震惊的是，6 个月后，有积木进行游戏的孩子在语言发展测试中的得分明显高于没有收到积木的孩子（Christakis，Zimmerman，& Garrison，2007）。

游戏与社会情感的发展

自由游戏可以缓解压力和焦虑。在一项引人注目的研究中，学龄前儿童被要求观看易引起压力和焦虑的电影，观看完后自由游戏。研究人员分别对实验对象游戏前后情绪困扰的程度（行为层面以及心理层面）进行了测量，并将之与没有观看电影的对照组进行比较。孩子们在游戏之后的焦虑感显著减少，他们的游戏行为也与所观看的内容有关（与对照组相比）。这一结果表明，游戏使他们能够进行情感表达，从而减轻他们的压力和消极情绪。相同的研究人员在一个更真实的情境中对这一现象重新进行了研究，也就是将研究场所转移到幼儿园中。他们特地观察了3岁孩子在幼儿园开学第一天的表现，并根据这些孩子的行为将他们分成高焦虑儿童和低焦虑儿童。然后，孩子们可以自己决定是自由游戏还是坐着听故事。与其他小组相比，选择自由游戏的高焦虑儿童的焦虑感明显减少，他们玩的游戏也比其他小组儿童玩的游戏更具想象力和独立性。这一发现表明，孩子会将富有创造性的自由游戏作为冲突解决机制（Barnett，1984；Barnett & Storm，1981）。最后，一项令人震惊的纵向研究发现，来自贫困家庭的成年人如果在学生时代能够有自由游戏的机会，他们会更好地适应社会（Schweinhart & Weikart，1997）。作为一种学习手段，自由游戏对于学习的作用与意义超越了其他任何形式，尤其是正规的教育。

神经学研究表明，游戏的动机（进而转变成学习的动机）深深地植根于我们的身体中，游戏能够使大脑做好应对突发状况的准备，并促进大脑的健康发展。我们在通过动物模式研究人类行为时，清楚地认识到了这一点。一项研究发现，被放进拥有转轮和其他游戏设备中的啮齿动物比那些没有机会游戏的啮齿动物拥有更高的智慧，大脑也得到更好的发育（Dugatkin & Rodrigues，2008）。游戏行为似乎也能够促进（涉及情绪反应和社会学习的）大脑更高级区域的神经发育。例如，与那些正常长大的动物相比，年幼时期没有机会游戏的动物到了成年时期会表现出社会、情感和认知缺陷（Pellis & Pellis，2007）。同样，与成年动物一起长大的幼崽动物（它们可以看到、听见、感受、触摸这些成年动物，但不能与之游戏）在认知和社交功能测试中也表现出了这方面的缺陷，但如果允许它们与同伴游戏，哪怕每天只游戏一个小时，这些缺陷就不会存在（Einon，Morgan，& Kibbler，1978）。

小贴士

- 游戏是儿童的最大动力。
- 游戏能够增强儿童的自我控制与探索欲望。
- 游戏比正式的学习准备更能有效地促进学生在学校中的学习。
- 剥夺课间休息和自由游戏时间会阻碍学生的认知发展。
- 游戏能够促进大脑发育。

通过游戏增强学生的课堂动机

➢ 设计游戏教学

发展科学研究的大量证据表明，孩子在游戏时学得最好。游戏与学习之间没有本质的区别，课堂首先应该是一个探索、自由和创造的地方。作为教师，你可以用你自己的创造力去发现课程的乐趣，将教室变成游戏场所，鼓励学生在学习的过程中发挥自己的想象力，同时仔细观察学生在游戏时的神情，并寻求机会去支持或指导他们的学习。根据发展科学家的观点，学生在学校期间应该有机会进行单独活动以及社交活动，最好是与不同发展水平的伙伴一起。在教室中可以为学生提供一块空间，让学生完全自由自主地游戏，同时还可以让学生进行一些平常不被允许的活动（比如，通常只能由异性参与的活动），以及与一些他们自己不会去选择的同伴一起游戏（比如，不同年龄段的同伴）。

自由游戏是一个很棒的学习工具，因为在游戏的过程中，儿童是自我决定和自我激励的。心理学家指出，内在动机（即来自我们的内心而不是外界强加于我们的欲望）会导致最有效和最优质的学习（Deci，1972）。为了让内在动机得到发展，一个人的行为必须是自由的，而只有在某些基本的需求比如自主权、能力和人际关系得到满足时，儿童才会得到自由发展。

以自由游戏开始每一单元或每节课的教学。例如，如果你正在设计一个有关视觉的教学单元，在进行正式的教学之前，可以在一张桌子上放一些视觉光学仪器，比如放大镜、棱镜、眼睛的塑料模型、配有不同镜片的旧眼镜，让学生自己去探索，另一张桌子上可以贴上视错觉图像、透过望远镜所观察到的太阳系的景象、眼睛看起来迥然不同的动物特写镜头等。你还可以选择一些主题音乐作为背景，或者在教室的天花板上投射出夜空的画面。如果你不去刻意地安排一天中的学习流程，你会惊讶地发现，学生会对新事物做出一些富有创造性的反应，在被要求使用工具之前就允许学生去接触，不仅能提高他们的问题解决能力，而且也更加有趣。

➢ **避免对年幼的孩子采用高风险的学习方法**

高强度的学习方法对于年幼的孩子会适得其反，其所带来的压力会让他们面临短期风险（比如，感受到压力、疲劳、食欲不振、效率下降、身心疾病等）和长期风险（比如，学习动机降低、自主学习积极性下降、比较学业成绩等）。试图通过强有力的指导来提高孩子的智力，有时甚至从婴儿时期便开始，会非常有害。认为孩子的智力需要经过正式雕琢的父母和教师似乎曲解了研究证据。发展科学已经明确地告诉我们，幼儿的大脑已经发展成一个成熟而高效的系统，学习就像成长一样自然。

例如，在以学术为导向的幼儿园接受教育的孩子与没在幼儿园接受此类教育的孩子在智力上没有持久的差异。当幼儿园被看成是为学前班做准备时，课程会变得更加以成人为导向，孩子们需长久坐着听老师讲解，这与以儿童为导向、以游戏贯穿课堂教学的课程截然不同（Egertson，2003）。据一项研究显示，孩子们在学业紧张的幼儿园教育中获得的优势（比如，学习了有关字母、数字和形状的知识）在学前班结束时便已降至基本线水平。然而，一些负面影响比如考试焦虑、缺乏创造力和对学校的厌恶，却是持久的。参加高风险学习课程的学生承受更多的压力、更厌恶学校、更缺乏创造性，他们经历的考试焦虑比那些学业课程没那么严格的学生要多。此外，他们所取得的学业优势也耗费了他们大量的学习动机（Hyson，Hirsh-Pasek，& Rescorla，1989）。

让学生知道学校和学习比成绩更重要。教师要注意留意他们所擅长的领域并加以点评。例如，"我听说你在今天的课间踢球比赛中表现很棒，干得好！"或者"你在午餐时讲的笑话非常有趣"。当你对学生的学习情况进行具体评估时，要事先明确这节课的目标是什么，然后与他们一起反思是否达到了这些目标。你可以跟学生这样说："在我计划这节课的时候，我希望你们能够知道各个行星在太阳系中的位置以及它们是如何运转的。如果我指向一颗行星，你们能知道它的名字，并告诉我它的运动轨迹吗？"降低课程的风险可以让学生对学校抱有更愉快的态度，保持他们的动力，使他们学到更多的东西。

➢ 在学习过程与学习内容上给予学生选择

学生有选择时学得最好。给予学生选择而不是控制学生的一种方法是，让学生的兴趣引导课程。可以创建一个学习和游戏之间没有明确界限的课堂，允许学生确立自己的学习目标，从而从活动、任务和休闲时间中构建他们自己的意义。比如，蒙台梭利教学法提倡通过创造有趣的、有用的以及引人入胜的材料和空间来吸引孩子们的注意力，从而"控制"整个课堂。在这一教学模式中，自由和选择并不会受到限制，孩子选择做的任何事情都将会富有成效，并能够促进学习。教师的角色就像指挥家一样，将所有片段组合成一个旋律完整的整体（Csikszentmihalyi，1997b）。

虽然教师和学校董事会通常会事先决定好学生在其所处的年龄段应掌握

哪些知识，但是生成课程强调从学生的兴趣和行动中形成学习主题，课程变成了实际发生的事情，而不是计划发生的事情，因为孩子们在游戏、探索和研究世界的过程中就一直在设计属于他们自己的“课程”。在采用意大利瑞吉欧·艾米利亚（Reggio-Emilia）教学模式的学校，所有的教学计划都是暂定的、可随时变动。瑞吉欧·艾米利亚学校的教师认为，学生的兴趣和需求与教师或学校董事会的看法同等重要，因此，应该让学生自己决定学习的主题。作为教师，要做的就是仔细观察和记录孩子们对周围事件的反应，然后再自下而上地给予指导。比如，你看到学校对面正在进行一个建设项目，这时你可以将孩子们带到外面看看大机器如何工作，然后根据孩子们的兴趣介绍这些机器、拆迁工作、当地建筑或者建筑下面的泥土。瑞吉欧·艾米利亚学校的教师允许学生按照自己的步调和方式进行学习（而不是按照闹钟所规定的时间），以及在偏离方向时自己重新回归正轨，其结果是学生更加热爱学习，学习动机也得到迸发（Wurm，2005）。

当学生对自己的学习过程有一种掌控感时，就会产生更广泛的学习。此外，在一个人行使选择和权力时，大脑皮层的功能会更加完整（大脑皮层是高层次、有意义的思维过程包括问题解决、创造、分析、综合、批判性思维和做决策的基础）。研究表明，那些认为自己的学习经历超出控制范围的学生所表现出的大脑皮层活动较少，在这种情况下，管理简单技能（比如，日常生活所使用的一些技能）的边缘系统会发挥作用（Caine & Caine，1994；Erlaur，2003）。

让学生自己设计课程。即使是对于低年级学生以及在课程内容标准非常严格的情况下，这一点也可以落实。一年级教师林·弗雷德里克成功地将以学生为主导的课程整合进她的课堂，而她的班上都是一群 6 岁的孩子（Nelson & Frederick，1994）。她在两周的时间里确定了学习主题、指导问题和教学活动，一边对每一单元进行研究，一边设计下一单元的教学。

要想使用她的方法，首先得确定教学主题。比如，你可以从古埃及、当地昆虫、爵士乐或者鲸鱼这些话题中进行选择，确保所选择的主题听起来很有趣，建立在以往课堂经验的基础上，并能与以后的课堂教学建立联系。接下来，向学生展示教学主题，并提供大量的资料包括书籍、杂志和网站等供他们探究。随后，你可以将第一周的时间用来与学生研究讨论并确定所学主题，弄清他们对这些主题已有哪些了解以及对哪些内容最感兴趣。

其次，帮助学生为他们想要学习的内容设计指导问题。你可以设置一个具体的时间表，并列出该单元的学习顺序和范围，问问学生他们会如何回答自己的指导问题（包括会使用哪些资源、会玩哪些游戏以及会如何记忆信息）从而设计具体的学习活动，可以提示学生采用出声思考（think aloud）的方式思考自己及他人的建议。例如，当班上一名学生提议采用实验的方法学习鲸鱼的名称时，弗雷德里克老师这样回答道："让我们来想想可以通过哪些实验学习鲸鱼的名称。"学生对此展开讨论并得出结论，实验并不是学习鲸鱼名称的最好方法，然后弗雷德里克老师又指导学生去思考其他更合适的办法（Nelson & Frederick，1974，p.74）。设计课程本身就是一个有意义的解决问题的过程，更不用说它对于孩子创造性和积极参与的作用了。

➢ 鼓励学生制定自己的问题解决策略

能够自己想办法解决问题的学生学得更深入。教师过多的程序性输入，包括教学生如何使用"学习工具"，会干扰学生的学习。在一项有趣的研究中，三年级学生被传授了一种组织策略用于增强他们的记忆力。研究人员发现，孩子们在使用这一策略时所付出的脑力劳动降低了他们参与测试时的心理能力，对他们的记忆力并没有多大的帮助（Bjorklund & Harnishfeger，1987）。

问题导向学习是一种主动学习策略，课程围绕真实的、开放式的问题设计，并以小组的形式讨论解决问题，教师在一旁给予指导。以这种方式学习的学生需要运用自己现有的知识去分析问题从而满足自己的学习需求（Gordon，Rogers，Comfort，Gavula，& McGee，2001）。一项研究发现，采用问题导向学习方法的小学生比采用传统方式学习同一科学单元的同伴更加好奇、周到、投入和积极（Drake & Long，2009）。

将现实生活中的难题转化为以问题为导向的学习课程。假设你的学生对养班级宠物很感兴趣，那么问题就是，你必须首先得到学校管理部门和每个学生家长的同意。接下来学生的任务就是面向家长和学校管理层设计一个有说服力的演示（可以采用“白皮书”“小册子”或者“海报”的形式），演示应该围绕在班级中养宠物的问题具体展开。学生需要将养宠物的优点（比如，培养责任感）与缺点（比如，存在过敏的风险）一一罗列出来，他们还需要考虑好养班级宠物后的所有统筹工作（比如，获得养宠物的执照、学校假期的安排），并提出具体建议。问题导向学习的核心是让学生自己制定解决问题的方法与策略。在这一过程中，学生学会理解和权衡自己及他人的想法，学会变通、倾听、共同思考以及不断尝试。

动机助推器 4：加入社区

迭戈自从能够听见声音开始便一直学习西班牙语，那时他的母亲只有 6 个月身孕。现在，10 个月大的他已经能够在妈妈微笑时也跟着微笑，并能根据妈妈声音的旋律，知道什么时候该放松、什么时候该兴奋。当妈妈说话时，他也在学习倾听；当妈妈不说话时，他就咿咿呀呀学着说话，他们一天就这样轮流“交流”着。他并不是想要学习语言，只是喜欢听妈妈舒缓的声音，因此他会做任何可爱的行为来博得妈妈的微笑。

也许学习的最大动力是我们平常最不注意的东西，那就是加入社区的愿望，因为它不露声色地存在于我们的日常生活中。人类已经进化了两百多万年，在社会群体中生活对我们物种的生存至关重要。与其他灵长类动物一样，人类天生就具有社会性，生活在复杂的组织如部落、家庭和国家中。社会交往使我们建立起复杂的相处方式，形成仪式惯例、价值体系、社会规范、艺术表达等。人类在社区中不断进化，成为这些社区的一部分是我们最基本的需求。事实上，许多神经科学家如今认为人类的大脑主要是一种“社交工具”，这意味着我们的认知技能已经适应并在社会交往中发挥着作用。

对社区参与的渴望是学习的深层动力，以至我们一直在学习，却没有注意到。正如创业教育研究员弗兰克·史密斯（Frank Smith）指出的那样，“你在与同伴相处的过程中不断学习，而不是通过变得跟同伴一样或者刻意地模仿同伴而获得学习，那样你只会变得和他们一样”（1988，p.9）。换句话说，大多数学习并不像我们通常所描述的那样困难并带有目的性。我们不断地学习，几乎毫不费力地获得了我们所拥有的知识，包括了解我们是谁，我们的世界如何运作的，以及如何应对所处的世界。在狩猎采集社会，比如布希曼人[1]或者哈扎人[2]的社会，孩子们通过社交、游戏、观看和慢慢做来进行学习，所有技能都是通过经验获得，几乎没有正式的教学，相应地，孩子们也不需要通过解释或者写作来证明自己学到了什么，而是通过做来展示他们的学习成果（Bruce，2005）。

生活中的日常事件可以揭示动机对于学习的作用以及社区参与对于动机的作用。最近，我们正试图让我们的小儿子阿列克谢对新的健康食品感兴趣，喂了他几口后，我和我的先生挖了几勺健康蔬菜喂到他嘴里，而他却全部吐到了高脚椅的托盘里。我们尝试午餐时给他吃红薯，但他拒绝吃。几分钟后，我们在餐盘里放上同样的红薯，并假装在野餐，坐在地板上开始吃起来。阿列克谢很想加入我们的“野餐”，他伸手想拿刀叉和餐巾，身体朝地板方向前倾，这时我用叉子给他挖了一些红薯，他开心地一口接一口地吃起来。

社区参与的强烈动机能够引导婴儿和儿童在进行复杂学习时尝试一些新

[1] 布希曼人（the !Kung Bushmen），生活于南非、博茨瓦纳、纳米比亚与安哥拉的一个原住民族。根据Y染色体DNA的遗传学研究显示，此民族可能是世界上现存最古老的民族之一。——译者注

[2] 哈扎人（the Hazda），地球上最后的以狩猎、采集为生的民族之一，生活在坦桑尼亚的荒野上。——译者注

的学习形式。例如，走路是一项复杂的里程碑式的运动，当一条腿向前移动时，另一条腿要有足够的力量支撑身体的重量，并且有恰当的姿势保持身体的重心，这需要很多时间和精力去学习。但是，加入步行社区的愿望是加速学习曲线的最大动力。研究表明，不论身高、体重或性别如何，有哥哥姐姐的孩子比没有哥哥姐姐的孩子走路要早得多（Berger，2006）。学会走路几乎与婴儿开始理解并与社会接触同时发生。

语言使用者：最终加入社区

社区学习最有力的例子就是语言的发展。口语被誉为“我们人类的最高荣耀”，它将我们与动物区分开来，可以让我们从思想上超越现在，同时还给予我们象征性的思维和表征等复杂的认知技能。一些发展科学家认为，由于语言固有的表征功能，思维才得以存在。

对于一个婴儿而言，学习母语不是一件小事，而且不是通过直接教授的方式进行学习。来自威斯康星大学的发展科学家珍妮·萨弗兰（Jenny Saffran）这样描述道：“假设你面临以下挑战：你必须从包含几万个片段的巨大系统中发现其基本结构，而所有片段都是以不同的方式由一个个小的元素结合而成。反过来，这些片段又可以以无数的方式进行组合，然而实际上，这些组合当中只有一个子集是正确的，而这唯一正确的子集本身又是无穷的。不论采取何种方式，你必须迅速弄清该系统的结构，这样你在童年时期才能恰当地加以使用。”（2003，p.110）事实上，学习语言需要记住并正确使用的词汇项目有 80,000 个左右（这些词汇项目是指传达单一意义的词汇或短语），包括学习声音的集合，即音素（英语大约有 44 个音素，而世界上某些语言的音素高达 141 个），除此之外，还要记住一系列如何将音素按顺序组合从而形成单词的规则（一般孩子从出生到青春期每天学习 20 个左右的词汇）。最后，学习语言还需理解词汇的含义、单词构成句子的规则，以及句子构成语篇的规则。一旦孩子掌握了这些规则和技巧，他便能够理解和说出无数个句子。

值得注意的是，世界各地的婴儿几乎是在同样的年龄毫不费力地学会讲话。到3岁左右，孩子们会以各种复杂的形式讲自己的母语，包括使用独特的声音序列、表示抽象概念或实体概念的词语以及包含多种结构类型的句子。考虑到世界各地文化习俗的巨大差异以及各地语言在语音、语义和语法方面的千差万别（某些语言的结构比其他语言的结构要复杂得多），这一现象尤其令人震惊。但更令人吃惊的是，婴儿在学习这些知识的过程中并没有得到多少明确的指导。

婴儿所在的社区从两个方面支持婴儿语言的发展：首先，婴儿周围的人会用丰富而结构化的语言吸引婴儿的注意；其次，婴儿周围的人相互之间会经常交流。语言起初作为一种探索性的活动，并逐步演化为婴儿和熟练语言使用者之间的合作过程。实际上，加入语言使用社区的欲望在出生之前就已存在，婴儿在子宫里便了解了他们所处的听觉环境的相关语言特征。例如，在一项研究中，处于第二和第三孕期阶段的胎儿在听到不同的元音读音时会表现出不同的心率（Fifer & Moon，1995）。新生儿更喜欢自己在母体中所感知到的声音，比如妈妈的声音、妈妈吟唱的旋律以及朗读的故事、与母语的音调和节奏相似的语言等（Mehler，Dupoux，Nazzi，& Dehaene-Lambertz，1996）。

成人会以非常具体和丰富的方式吸引新生儿的注意，然而他们并没有意识到，他们这是在引诱新生儿加入他们的社区。世界各地的父母、非父母、成人和儿童都会跟婴儿交谈，尽管婴儿还不能理解。他们将脸凑近婴儿，看着婴儿的脸，试图与婴儿互动。此外，他们还会以一种有趣的方式与婴儿交流：通过提高音调、拉长元音、增加节奏故意夸大他们说话的旋律。在与婴儿交谈时，成人和儿童也会简化他们的语言信息，使用简短的语句、重复所说的话、使用意义结构更简单的表达，他们还会做出夸张的面部表情和手势，放慢自己的口头行为和非口头行为（Fernald，1989；Kitamura，Thanavishuth，Burnham，& Luksaneeyanawin，2002）。我的儿子阿列克谢正在学习说话，当他和小婴儿、玩偶或者闯入我们厨房的蚂蚁说话时，他会有意无意地提高自己的音量。为什么人们会和听不懂自己在讲什么的人进行这种特殊的交流（这一类交流通常被称作“儿语”或者“婴儿指向型言语”）呢？

成人会使用婴儿指向型言语、面部表情以及手势与婴儿交流是因为，婴儿还很年幼、不会表达并且很可爱。因为爱孩子，看护人在自己的孩子面前会变得情感细腻，因此会以一种积极的饱含情感的方式表达自己（想想恋爱中甜蜜交谈的情侣、“儿语”时的讲话声音、人们在分享令人兴奋的消息时音调上升的样子）。成人在与婴儿交谈时会调整讲话方式的另一个原因是，当婴儿真正开始学说话（或者牙牙学语）时，他们的声音很小并且音调很高，因此成人会调整自己的声音，以配合预期的婴儿反应，同时也会去配合孩子细微的讲话声（即以婴儿指向型言语与孩子交谈）。最后，人们会以这种方式与婴儿交谈仅仅是因为，他们在生活中看到或者听到其他人也这么做（尽管这并不能解释这种现象是如何开始的）。不管最初的原因是什么，一旦成年人开始使用夸张的言语、面部表情和手势与婴儿进行交谈，他们很可能会继续这样做，因为婴儿喜欢！当成年人以这样的方式与婴儿交谈时，婴儿会聚精会神、睁大眼睛、微笑、大笑或者点头。就这样，婴儿和看护人之间形成了一种互惠关系，双方都以能给对方带来愉悦回应的方式以及在相互影响的动态关系中进行交流（Cooper & Aslin，1990；Fernald & Kuhl，1987）。

成年人不仅与婴儿接触和交谈，他们之间也会接触和交谈。人类所处的环境无时无刻不充斥着沟通与交流。语言是我们联系社会经验和学习的纽带，思想本身由词汇组成，且随着时间的推移，要想详细地描述一个非语言形式的思想基本上不可能。婴儿和儿童在任何情况下都会注意语言的结构和内容，积极努力地成为该社区的合格成员。

正因为婴儿迫切地渴望与人交谈，因此他们能够逐渐地听懂复杂的语言。一项有趣的研究表明，新生儿啼哭时的语调反映出他们在子宫里所听到的语言。法国新生儿的哭声往往呈升调的模式，而德国新生儿的哭声往往呈降调的模式（Mampe，Friederici，Christophe，& Wermke，2009）。除了对语音旋律越来越敏感外，婴儿还在母语的浸润中，建立起非常复杂的机制来理解母语的特定发音模式。虽然我们没有人记得发生过这样的事，在我们还是 8 个月大的婴儿时，便已经觉察到了母语的统计结构（比如，某些发音会在其他发音之前或之后出现，或者会在一个单词的词首或词尾出现）。这一信息让我们知道一个单词已表达完而另一个单词已经开始，因为人们在说话时不会通过停顿来划定单词界限。例如，在听到"漂亮宝贝"这一词组时，婴儿必须要能够辨别"漂亮"（pretty）和"宝贝"（baby）是两个单词，而"tyba"不是一个单词。在英语中，音节"pre"只会在少量的音节前出现（包括 -tend，-ty 和 -cede），"pre"出现在"ty"前的概率大约为 80%，而"ty"出现在"ba"前的概率仅为 0.03%（Saffran，2003）。这是婴儿在没有人教授的情况下所学到的一个强大的解码机制。事实上，如果发展科学家没有让我们了解统计学习这一概念，我们当中是否会有人意识到学习切分语音流的必要性，这一点很值得怀疑，更别谈知道如何去做了！总而言之，婴儿的日常生活（包括积极地倾听）沉浸在由看护人及更大层面的社区所提供的丰富的语言环境中，语言学习对于无助的婴儿具有高度的适应性。通过加入社区，婴儿完成了这一适应的过程。

加入阅读社区

学习讲话交流在接受正规的学校教育之前便已开始，但学习阅读通常要在一个严格的教育课程体系中进行。然而，也可以以社区参与为动机，培养孩子学习阅读。6 岁的斯库特——哈珀·李（Harper Lee）的经典小说《杀死一只知更鸟》（*To Kill a Mockingbird*）中的女主人公，在上一年级的第一天就因知道如何阅读而被训斥，并被要求停止阅读，因为老师认为她的阅读方式会妨碍她正确地阅读。然而，实际上并没有人教她如何阅读：

> 我从来没有刻意地去学习阅读，只是会有意无意地翻看当天的报纸。

> 我是在教堂的那段漫长时光中学会的吗？具体已记不清了，因为我很早之前就会读赞美诗。现在我却被逼着去想我是怎么学会的，可是阅读对我而言就是一件很顺其自然的事情，就像我不用看就能够将连衣裤的底襟扣牢或者将杂乱的鞋带系成两个蝴蝶结一样。我不记得从什么时候起，阿蒂库斯移动的手指上面的那些线开始分成了不同的文字，但在我记忆中，那些夜晚我一直盯着这些字看，听他读当天的新闻、即将颁布的法案、洛伦佐·道牧师的日记等——每天晚上当我爬进阿蒂库斯怀里时他正在读的内容。直到某天我担心会失去它，我才意识到自己喜欢阅读，正如一个人快要不能呼吸的时候，他才会意识到对呼吸的热爱一样。
>
> （Lee，1960，p.19）

波士顿学院发展与进化心理学家彼得·格雷（Peter Gray）曾写道，孩子们可以像学习说话一样，在无意中轻松地学会阅读，他最小的弟弟以及儿子就是通过加入阅读社区，在完全无意识的情况下学会了阅读。例如，在采取非传统教学模式的瑟谷学校（Sudbury Valley School）中（学生一天到晚很自由，每天都能在一个高参与的民主社区里自由地做自己想做的事情），“学校中没有正规的阅读课，学生学习阅读是因为阅读是他们社会环境的一个重要组成部分。他们看到其他同学在阅读，听他们谈论所阅读的东西，因此也想阅读，他们也会玩文字游戏。成人和青少年也会热情地给他们朗读，他们喜欢反复地听同一本书，直到记住为止，然后会愉快地去阅读他们所记住的书，直到他们由假装阅读变成真正的阅读”（Gray，2009，第 16 节）。换句话说，孩子们通过加入阅读社区以及花时间阅读而学会阅读。他们学习阅读不是因为他们渴望成为有文化的人，而仅仅是因为喜欢这些故事，学会阅读只是一个附带结果。

正如前面所提到的，人类发展的一个重要特征是，发展中的个体在自己能够胜任某件事情之前便会加以尝试。可以先将阅读作为一种探索，逐渐演变为对阅读感兴趣的儿童与语言精通者之间的合作学习过程，这在我儿子阿列克谢 1 岁的时候就很清楚地体现出来了。他开始自己“阅读”他最喜欢的图书《晚安大猩猩》（*Good Night Gorilla*）：他照着我们一起阅读时的样子翻动书页，当看到动物管理员的妻子意识到有只大猩猩在她床上这一页时，他会“啊！”地惊叫一声。多次一起阅读的经历已经开始引导阿列克谢进入读者的文化世界，在这种情况下，经验丰富的读者代替新的学习者思考，直到新的学习者能够通过意识和自我控制掌握自己的行为。

维果茨基（1930/1978）将孩子独立完成某件事与在帮助下完成某件事之间的差异称作最近发展区。不论是语言发展还是阅读，学习者在丰富、结构化的环境中与更有经验的学习伙伴共同构建新的能力。首先，社区中会有人告诉你可以做什么，然后帮助你做任何你想做的事情。当你掌握更多的知识和技能时，你便能更充分、更独立地参与到你想要参与的领域以及新的领域中（Smith，1988）。从出生起，孩子们就很积极地想要加入他们周围的社区。学习源于参与，而孩子对两者都有不可抑制的冲动。就像电影《谁陷害了兔子罗杰》（*Who Framed Roger Rabbit?*）中的卡通人物（当听到音乐对句“刮脸和理发”时，便会忍不住说一句”两毛五！”）一样，我女儿索尼娅非常渴望参与《大黄蜂之歌》（*The Bumblebee Song*），随着音乐节奏她会舞动自己的小手，嘴里发出嗡嗡嗡的声音，在她受伤、睡觉甚至生病时只要听到这首歌就会停止哭闹，她渴望参与其中跟着哼唱。当信息和技能具有目的和功能或者嵌入到有意义的日常生活中时，孩子们的学习就会更具广度、深度和持久性。

小贴士

- 我们的大脑和认知技能在社会交往的过程中得到发展。
- 社区参与是学习的首要动力。
- 社区参与无形中引导儿童学习最复杂的生活技能，包括语言使用和阅读。

通过加入社区增强学生的课堂动机

➢ 在课堂上创建学习社区

学习社区是一个所有参与者都积极参与并分担责任的地方。在这里，学生通过与同伴和教师的合作进行学习。要想建立一个学习社区，必须得创造一个让学生在身心上都感到安全和舒适的环境。首先，你要了解学生，并帮助他们互相了解。创建一个鼓励合作的学习情境，在该情境中，提问和寻求帮助会得到赞赏。赋予学生权力而不是用规则压制他们。在学习社区中，教师需学会将部分课堂控制权移交给学生。这样做的好处是，如果学生感到自己拥有权力并且是社区中的一员，他们更有可能去监管自己的学习和社交活动。

定期举行班级会议。这是一个让学生更好地了解彼此并建立联系的好方法。首先，你可以每周留出固定的 20 ～ 30 分钟时间举行班级会议。首次会议可以由全班共同商议制定本学年的一些基本规则（比如，认真听讲、尊重他人、不许交头接耳、不想回答问题时请说“略过”）。你可能还需要指定一个手势，让学生明白什么时候该停止讨论，从而使整个班级会议在你的掌控之中。

在每次组织会议时都要提示学生相互分享观点。例如，可以让学生轮流完成一个句子，如“我喜欢我们班级的________”或者“最近发生在我身上的一件好事是________”或者“我比一个________大，比一个________小”（Gibbs，Rankin，& Ronzone，2006）。班级会议也可以用来解决一些问题与冲突。你可以先反思一下前一周的班级情况，让学生谈谈他们对学校生活或者校外生活的看法，这样，学生才会积极地给出他们的意见，指出课堂教学或者与其他同学相处方面哪些地方做得好、哪些地方有待完善。如果学生之间发生冲突，可以让他们听听不同意见，然后想出一个解决办法。一旦学生感觉到自己的见解和观点被重视，他们便会觉得自己是某个团体的一部分，这对学习动机和学习都会产生很大的影响。

➢ **尽可能地使用对话**

对话和反思是批判性思维和认知的核心以及行使权力的学习社区的基础。古希腊哲学家苏格拉底（Socrates）发明了探究式讨论这一教学形式。在该教学形式中，提问能够带来更深层次的理解，使想法更加清晰明朗。犹如弗赖雷（Freire）所言，“只有通过交流，人类的生命才有意义……教师不能代替学生思考，也不能把他的思想强加给学生”（Freire，1970，p.63）。参与集体性、支持性对话的学生（包括低龄学生）学会抛开自己的观点去倾听他人的想法，这能让他们感觉到自己有价值和被倾听。通过参与对话分享观点是社区参与的一个显著动机。

将苏格拉底式开放性研讨融入你的日常教学实践。一旦你的学生养成了倾听、思考和小组讨论的习惯，你就可以让他们参与到从科学到艺术的任何话题讨论中。开放性研讨的目的是让学生加深对“文本”的理解（该文本可以是一个故事、一本纪实类作品、一部电影或一个经验）。研讨会的结果不能预先确定，这样在研讨的过程中学生才有可能得出令教师及自己都惊讶的发现。探索的过程本身就是研讨会的目的，教师应避免直接“告诉”学生，而是要引导学生去提问、思考以及探索（Finkel，2000）。

首先，可以找一个引人入胜的短篇文本进行分享，比如经典童话故事《灰姑娘》。你可以先大声地给学生朗读，或者让他们自己安静地阅读，然后两人一组去想一些可加以讨论的问题。你需要做的是，提醒学生，所提的问题必须要能够从文本中找到依据并便于解释（比如，为什么仙女教母没有改变灰姑娘的命运？）。同时你要鼓励学生写下自己的问题，并在有助于回答这些问题的文本部分（用便签）做标记（Chorzempa & Lapidus，2009）。接下来一步是分享问题，并决定从哪个问题开始讨论。让每一小组依次提出自己的问题比较可取。你可以将问题写在黑板上，让全班学生一起来决定哪个问题最引人入胜，然后让学生围坐成一个圆圈（可以挪动他们的课桌或者直接坐在地板上），这样他们便可以围绕问题及文本展开对话。在对话的过程中，每个学生都应被鼓励分享自己的观点并提供相应的证据，同时学会倾听他人的观点，将之与自己的经验以及先前的课堂学习结合起来。通过对话的过程，学生会将自己的观点与其他同学及作者的观点进行对比，他们也会开始感觉到自己的观点很重要，同时学会尊重他人的观点，提高自己的阅读理解能力和词汇量，并学习如何评估证据，提出论点。他们还会感受到加入一个关系紧密的知识社区所带来的兴奋与活力，而这本身就能激发学习动机。

➢ 顺应儿童的最近发展区

维果茨基曾写道："孩子们在今天需要通过合作才能完成的任务，到了明天可以独立完成。"（1934/1987，p.211）事实上，当孩子们被要求在现有水平的基础上向前前进一小步时，他们学得最好。你可以通过提出超越学生当前理解水平的想法和概念以及布置一些需要大量帮助才能完成的任务来创造最佳的学习情境。然后，将不同技能水平的学生分组结对，或者提供支架式教学提升他们的现有能力，鼓励他们去实现以及挑战自我。

通过棋盘游戏教授数学概念。例如，要想在西洋双陆棋[1]比赛中获胜，玩家必须对概率有一定了解。在向班上学生介绍了游戏的基本规则并让他们试玩几次后，将他们分成协作小组来计算滚动特定数字的概率（Doolittle，1995）。首先，学生可以通过弄清投掷两个骰子时所有可能的结果来计算出滚动到某个特定数字的概率，然后每个小组派两名学生负责运用数学概率计算每个和出现的概率。其中一名学生负责判断每个和所出现的次数，另一名学生记录下这些信息并计算出实际的概率百分比，其他小组成员

[1] 西洋双陆棋（backgammon），一种在棋盘或桌子上走棋的游戏，靠投掷两枚骰子决定走棋的步数，棋子先到达终点方获胜。——译者注

负责通过实际多次投掷骰子并加以记录来计算每一个结果的概率。在每个小组选派的两名学生中，一人负责投掷骰子和计算总和，另一人则负责计算概率百分比。然后，小组成员汇聚一起对比结果并将最终结果与班上其他同学分享。最后，小组成员可以一起尝试一系列的游戏，但是这一次，在投掷骰子之前，必须事先说出他们想要滚动的数字和以及实际滚动到该数字的概率（Doolittle，1995）。你也可以通过其他挑战性的游戏在儿童最近发展区的最顶端创建学习体验，下次可试试纸牌、国际象棋或者非洲棋！

➢ **注重课程与学生的相关性，以及对校外生活的适用性**

要想让学生积极地参与学习活动，必须让他们看到这些活动的意义和价值。换句话说，你所呈现的东西要让他们觉得有学习的必要。让学生（作为学习社区中有价值的成员）带着他们的想法和观点去探讨新的话题。学习不仅仅发生在课堂上，孩子们无时无刻不在学习！在接受正规的学校教育之前，他们就已经拥有了大量的信念和生活经验。如果将现实世界的知识作为学习的切入点，而不是被当作无关紧要的东西，那么课程就会变得生动起来，并能更好地加以整合。将学生与现实世界中的应用与意义联系起来，弄清楚他们在学习什么、为什么要学习，以及新知识和新技能会如何影响他们的生活。当学生感受到自己被看作有趣的、有知识的社区成员时，会激发他们的学习动机。

弄清楚学生喜欢什么，以及他们在生活中渴望学习并掌握理解的东西。例如，如果你的数学课上的学生喜欢滑滑板，那么你可以设计并搭建一个半管滑板场[1]。在一位学生的描述中，他的老师便是这样做的："在搭建半管时，所有东西都必须精确，你必须运用数学计算出该在哪儿对木头

[1] 半管（half-pipe）滑板场，因其形状像一个巨型管道剖开一半而得名，也称"U 型场"或"月牙式滑道"。——译者注

进行切割，或者在哪儿留出角度，这当中包含很多数学知识。但既然我们想建造半管，那么计算它就容易多了”［《什么能帮助我们学习》（“What Helps Us Learn”），2010，p.68］。事实上，正如发展科学所显示的那样，让学生积极参与学校生活的最好方式是抓住他们已有的动机，而这一动机来自人类以及自信好玩的儿童对于探索新奇事物以及加入社区的渴望。

第二章

理解儿童的注意力

所谓注意力，即深吸一口气，然后集中精神去留意你身边的景象和声音，以及细微的气味和纹理变化。我们所处的世界充满了刺激，然而，我们不可能去接受所有这些信息，因为这会让我们不知所措。注意力是我们用来关注某个事物而忽视其他事物的机制，它是一种选择工具和过滤器，使我们能够专注于我们需要去看或者去听的东西。在整个学习的过程中，第一步是要激发动机，拥有动机之后，接下来一步便是投入注意力，即让我们的大脑和身体转移到感兴趣的事件和信息上。儿童的学习能力取决于他们是否能够合理地分配和集中自己的注意力。传统经验告诉我们，对某个话题关注的时间越长，对该话题的掌握就越多（James，1890/1983）。

孩子们是否能够专注于学习任务、积极参与学习活动并集中注意力是他们学业能否取得成功的最重要的预测因素，这一点也不让人感觉奇怪（DiPerna，Lei，& Reid，2007；Ladd，Birch，& Buhs，1999）。事实上，研究表明，通过一个孩子的注意力可以预测他的发展水平、智力状况、问题解决能力以及语言技能（Bono & Stifter，2003；Choudhury & Gorman，2000；Lawson & Ruff，2004）。

注意力是当下新闻中的一个热点话题。美国疾病控制与预防中心（Centers for Disease Control and Prevention，简称 CDC）最新的一次统计数据显示，10 名美国儿童中有 1 名被诊断为患有注意力缺陷多动障碍（简称“多动症”），其中一半以上会定期接受药物治疗（CDC，2010）。曾经被视为“大火球”和“能量束”的孩子如今被贴上了“分心”和“冲动”的标签，这些孩子被禁止到处乱跑乱蹦，被加以监控，并通过药物来治疗他们的失调行为（Armstrong，1997）。

非西方文化对儿童的注意力有着非常不同的要求。教师特里·奥里克（Terry Orlick，1982）曾写道，“在北美，如果我带女儿出去吃饭，她就需要像大人一样安静地坐着等待服务员上菜，即使周围有很多有趣的事物可以去探索……但如果带她去巴布亚新几内亚的一个乡村宴会，就没有这些限制要求。村民们不会要求孩子在等待饭菜及大人在一旁聊天的过程中安静地坐着等上一个小时，他们可以自由自在地做他们想做的事情”。学校的教育目标与孩子的发展似乎并不相符。回想一下就会发现，我们正规教育体系的主要目标是让学生学会顺从（这一目标在工业革命时期建立，并且自那以后几乎没有改变过），因此我们需要新的学校运作模式以及更广泛的注意力。

100 年前，一群市民需要在城镇广场上站 3 小时听一个政客的演讲；50 年前，一个晚间新闻节目需要主持人坐在椅子上，口头播报 1 小时的逸闻趣事；而如今的电视新闻节目包含了很多 7 秒以内的小片段，华丽的图片在屏幕上不断闪现，屏幕的顶部和底部浮动着即将播放的节目预告片，另外高达 40% 的时间用在了广告上。孩子们急切想要加入的疯狂、快节奏的社会中充斥着各种各样的信息，这让他们应接不暇。比如，我们的文化给孩子们传达了这样一个复杂的信息：多去观察和模仿成年人（醒着的时间多进行一些活动和任务），但在学校里，必须要端端正正地坐着安静听讲。当孩子们无法协调这些分裂的指令时，我们会立马用药物麻醉他们，关闭他们的感官，让他们睡觉。然而，我们所应做的不是麻痹而是唤醒他们，让孩子们感受到人类对于学习和参与的兴奋（Robinson，2010）。

为了更好地理解注意力以及如何加以利用，让我们从发展科学的角度来回顾一下我们对于注意力的已有了解。和学习一样，注意力也很难定义，它是由睡意变为清醒的过程，或者由关注某一个物体到关注整体的转变过程。当我们想知道某件正在发生的事情或者努力实现一个目标时，我们会说自己正“集中注意力”（Posner & Rothbart，2002）。我们会将注意力集中在感官系统所接收到的大量信息的某些方面。注意力发生在不同的层面，包括我们的感官系统（看某个事物）、大脑（关注某个事物）以及神经系统（保持一种冷静、警觉的状态）。

从发展科学的角度理解注意力

注意力在儿童发育的早期阶段就已开始，并且是一种全身性的现象。当我们开始研究注意力如何发展时，必须要去留意婴儿对世界的反应方式。需要记住的是，新生儿的反射行为能够帮助无助的婴儿获得生存——这些反射行为通过自然选择存在于人类这一物种中。反射行为建立了有机体对环境的反应方式，并在转化为认知过程的途中促进学习。当然，我们任何时候都不可能将身体与思想分隔开，尤其对于新生儿更是如此。

定向反射（orienting reflex）是最基本的先天反射行为之一，这一由皮质下脑区（人类脑结构中存在时间最长的部分）控制的反射行为能够让我们躲避危险。定向反射又被称作探究反射，由俄国生理学家伊凡·巴甫洛夫（Ivan Pavlov）提出，是注意力产生的重要基础。在我打这些字的时候，我为我熟睡的女儿索尼娅播放了白噪声，以淹没她卧室外面可能会吸引她注意力的声音。受定向反射的影响，每次在她需要睡觉的时候，只要哥哥拿出一个新玩具，她就会兴奋地睡意全无。婴儿会本能地将注意力转向环境中的新事物，并当同一物体或事件反复出现时逐渐产生习惯性。在最近的一项研究中，一群来自得克萨斯州休斯顿一家儿童医院的医生发现，在新生儿重症监护病房（neonatal intensive care unit，简称 NICU）待过的婴儿习惯了他们在那里听到的声音，他们记得蜂鸣器、对讲机以及窗帘沙沙作响的声音，几个月后，他们对这些声音不再有任何定向反应。而没在 NICU 待过的对照组婴儿却对同样的声音做出了截然不同的反应，当医生向他们展示这些声音时，他们会将注意力集中到这些声音上（Barreto，Morris，Philbin，Gray，& Lasky，2006）。定向反射有助于婴幼儿了解所处的世界，并发展为更加有意识的注意力技能。

婴儿时期处理视觉信息的能力是童年和青少年时期学习的最有力的预测因素之一（McCall & Carriger，1993；Rose & Feldman，1995；Rose & Wallace，1985）。加利福尼亚大学洛杉矶分校（UCLA）发展科学家玛丽安·西格曼（Marian Sigman）等人进行的一系列实验研究发现，新生儿的视觉注意力可以预测其从5个月到18岁的认知能力（Sigman，Cohen，Beckwith，& Parmelee，1986；Sigman，Cohen，& Beckwith，1997）。当一个孩子上了幼儿园之后，他可以根据自己的行动目标选择要注意的内容，这种选择性的注意将为感知更微妙的事物奠定基础。

注意力助推器1：自我调节

> 眼看着就要轮到自己了，南希感觉到她的心跳开始加速，她几乎没法去留意其他同学拼读的单词，教室里的每一个声音突然间在她耳边嗡嗡作响。她深吸了一口气，闭上眼睛，感受着肺部呼出的温暖气体。当罗奇老师念到她要拼读的单词时，她放慢呼吸，集中注意力，脑海中迅速闪现出正确的拼读方式，就好像该单词被写在了一张纸上展示在她面前一样，字母“H-E-I-G-H-T”从她口中脱口而出，她成功地进入到了下一轮。

当我们谈论注意力时，首先得从身体开始谈起。集中注意力是所有学习的前提，而调节我们的身体——使生理唤醒保持平静并使压力水平处于平稳状态——可以促进注意力。自主神经系统负责控制身体的唤醒状态。一天当中，我们会经历很多唤醒状态：有时候我们会非常兴奋，心怦怦直跳；有时候我们又很平静，呼吸平稳而缓慢。当我们兴奋或不安时，都很难集中注意力。在生活中，我们学会了如何调节自身的唤醒状态，太过兴奋时知道要收敛，以防得意忘形；情绪低落时知道要鼓励自己，为自己加油打气（在这点上，我们中的一些人比其他人要做得更好）。这些技能在儿童时期发展缓慢，在自己能够做到之前，婴儿和儿童依靠看护人来调节他们的生理唤醒状态。

发展自律

上周五晚上，我们带着两个孩子去一家热闹的酒吧吃晚饭，其中一个孩子还是个婴儿，另一个刚学会走路。那是一段欢快的时光，酒吧里到处都是有说有笑的人们，我们坐在面朝舞池正中间的吧台上。我们已经有一段时间没有出来参加社交活动了，然而两个孩子表现得很棒，令我们大为震惊。阿列克谢踉踉跄跄地走过去，一桌挨一桌地跟人们打招呼，并跟着点唱机跳起舞来。当服务员将我们的食物送过来后，他就乖乖地坐在自己的儿童专用椅上，一口接一口地吃起来。而在这整个过程中，索尼娅几乎全程都在睡觉。在这个有趣而又轻松的夜晚之后，我们开始把自己想象成当地的社交名流。然而，一回到家，两个孩子都崩溃了，哭了一个多小时。两个孩子这是怎么了？

婴幼儿善于表达自己的情感，但主要还是依靠大人来帮助调节他们的情绪。索尼娅在酒吧里能够安然入睡可能是对过度刺激的一种反应（Brackbill，1973）。而让阿列克谢从灯光、互动、欢笑和跳舞带给他的兴奋劲儿中一下子过渡到安静入睡，对于他未成熟的神经系统来说很难应对。他需要我们慢慢地将他的兴奋感降低，此外，因为已经过了他的睡觉时间，他疲惫的身体很可能会受到压力的刺激，开始产生肾上腺素。

看护人通常会根据情况使用讲话、唱歌、摇晃和微笑使孩子进入活动或休息状态。实验结果表明，来自看护人的情绪调节能够让婴儿集中注意力。婴儿能够利用他人的生物信息（例如，心跳和呼吸频率）与自己的唤醒状态相匹配，感受柔软的肌肤和聆听轻声细语也能够安抚婴儿。事实上，皮肤接触可以提高早产儿的注意力，并对他们的学习产生长远影响。

在出生后的前几周里与看护人有亲密身体接触的早产儿，6 个月大时会显示出更高水平的探索行为，2 岁时会表现出更高级的认知技能（Feldman，2004；Feldman，Eidelman，Sirota，& Weller，2002）。研究发现，哭泣的新生儿只要一被抱起来就会停止哭泣，并睁开眼睛环视周边的环境。与没有被抱起来的新生儿相比，被抱着的新生儿能够更加警觉地追踪移动的物体（Korner & Grobstein，1966）。随着时间的推移，婴儿会发展出一些策略来调节他们自身的唤醒状态，比如，吮吸拇指，当某物过度刺激时会将视线转移开（Cole，Michel，& O'Donnell-Teti，1994）。即使是对于蹒跚学步的孩子而言，在复杂的认知任务中，母亲的情感支持也会引起更高层次的注意（Grolnick，Frodi，& Bridges，1984）。

有些婴儿和儿童比其他同龄人更容易进入平静、警觉的状态，从而更好地集中注意力。被称作迷走神经张力（vagal tone）的生理指标与注意力的个体差异有关，作为外周神经系统的一部分，迷走神经负责调节身体的各项器官，当我们需要迅速行动时能够激发我们，当我们需要休息时能够让我们平静下来。显示出较高迷走神经张力的新生婴儿通常会有更高级的认知发展（Porges，2003）。另一方面，早产儿在注意广度和处理压力的能力方面发展滞后，其迷走神经发育得也不成熟。与低迷走神经张力的婴儿相比，具有较高迷走神经张力的婴儿能够更有效地处理视觉信息，在接受视觉刺激时也较少分心（Richards，1987）。这些孩子到了6岁以后，也会表现出更高水平的认知技能、社交能力以及较少的问题行为（Feldman & Eidelman，2003）。

当孩子们有能力调节自己的唤醒状态和情绪时，他们就能够控制自己的注意力、思维与学习（Bronson，2000）。到了上学的年纪，孩子们需要学会管理自己的情绪、专注于手头的任务、做出恰当的行为，以及从不同的来源渠道中筛选信息（Smith-Donald，Raver，Hayes，& Richardson，2007）。例如，当一位教师这样说道，“请拿出作业纸，将它们放到你的文件夹中，再将文件夹放到书包里”。在这种情况下，孩子们需要能够抑制主导反应（继续工作），专注于新的任务（放下手中的工作），并记住教师的指示（Rimm-Kaufman，Curby，Grimm，Nathanson，& Brock，2009）。能够有效自我调节并集中注意力的学生在社交层面（能够遵守课堂规则、记住指令并参与社交互动）及认知层面（能够解决问题，监控、抑制并指导自己的行为）都能够很好地适应学校生活（Blair & Razza，2007）。擅长调节自身唤醒状态和情绪的儿童，与没有这些技能的同龄人相比，能够更好地应对逆境（Buckner，Mezzacappa，& Beardslee，2003）。自我调节使他们能够长时间地在具有挑战性的环境中指导目标导向的活动。

将冥想作为一种自我调节手段

大多数时光，我们都是在按部就班地过着生活。由于忙碌的日常学习，孩子们也没有时间去留意去往目的地的途中都有哪些风景、午餐吃了什么，或者在与朋友的交谈中听到了什么。千百年来，吠陀时代的人们、佛教文化以及中国传统都强调通过控制情绪和注意力来有意识地关注当下（Buddhaghosa，1979）。

冥想是一种精神静默状态，其特征是去除不必要的思想、轻松地关注当下并保持警觉（Srivastava，1997）。作为一种元认知行为，它需要对自己的思维模式加以反思。在冥想的过程中，通过自省来监控注意力的质量，在注意力转移时加以识别并将其引导回该关注的物体上。

在冥想时，我们通常只专注于一件事情，比如感受自己的呼吸（Wallace，1999）。为了继续任务，我们必须要不断地监控自己的注意力。在第一次尝试冥想时，注意力可能会像只小狗一样，从一件事跳到另一件事上，当这种情况发生时，我们会感受到思绪的游离，这时不要去加以评判，让它顺其自然（我们怎么能对那只小狗生气呢？）。然后，我们会试着将注意力重新集中到呼吸上。例如，当你深呼吸时，试着把注意力集中在肺部的感觉上，突然你感到背部有些疼痛，这时你要分散注意力，恢复呼吸。以这种方式练习可以培养对某个单一刺激的注意，同时也能培养其他的注意力技能，比如，监控干扰、调节情绪、转移注意力（Lutz，Slagter，Dunne，& Davidson，2008）。

冥想与大脑

冥想可以改变大脑活动。冥想能够增加大脑中负责注意力和情绪的主要区域的血液流动，还能激活参与唤醒系统和自主神经系统控制的神经结构。冥想瑜伽修行者的大脑，不论是在安静的冥想中还是在环境嘈杂的冥想中都显示出阿尔法脑电波活动的增加（表明警觉性得到放松）（Anand，Chhina，& Singh，1961）。最近的一项研究发现，冥想中的佛教僧侣的大脑比冥想初学者的大脑能够产生更多快速移动且强大的伽马波（gamma waves），一些僧侣所产生的伽马波的强度甚至打破了以往的最高纪录（Kaufman，2005）。在另一项研究中，研究人员运用大脑扫描仪（功能性磁共振成像）测量特定大脑区域的活动，并将拥有超过 5.4 万小时冥想经验的西藏佛教僧侣的大脑与对学习冥想感兴趣的同龄成年人的大脑进行了比较。受过训练的大脑前额叶皮层的激活得到增强，而前额叶皮层是大脑中负责注意力控制和调节的关键区域。但更令人震惊的是，当经验丰富的冥想者开始进入冥想状态时，他们的前额叶皮层激活水平逐渐降低，这表明对他们来说，这一行为变得毫不费力。随着经验的增加，易引起注意力分散的声音对前额叶皮层区域的影响不断降低，而对于经验丰富的僧侣来说，这些声音根本不会对他们造成什么影响（Brefczynski-Lewis，Lutz，Schaefer，Levinson，& Davidson，2007）。

冥想训练

任何人都能够学会冥想。研究表明，冥想训练可以提高自我调节能力。冥想者能够更好地稳定自己的唤醒水平和情绪，与一般人相比，他们拥有更加平稳积极的情绪和较少的消极情绪（Wallace，1999）。在一项有力的研究中，研究对象被分为两组。第一组接受正念冥想训练，第二组只接受放松训练。每天训练 5 个小时，持续训练 3 个月后，冥想小组在应对环境压力时的生理激素反应明显低于只接受放松训练的小组（MacLean et al.，2010）。

冥想也能直接增强认知功能。在一项引人注目的研究中，短期的冥想训练导致了注意力的巨大差异。更具体地讲，40 名大学生参与了认知测试，测量他们的定向性、警戒性以及在干扰的情况下集中注意力的能力，然后被随机分成两个小组。其中一组每天接受 20 分钟的冥想训练，为期 5 天；另一组只接受放松训练。冥想小组不仅在所有的认知测试中显示出明显的进步，并且他们血液中的压力荷尔蒙皮质醇也明显减少（Tang et al.，2007）。而在其他的实验中，每天参加冥想训练（训练持续了 1 ～ 3 个月的时间）的学生在视觉辨别、定向和集中注意力方面也都得到了改善（Jha，Krompinger，& Baime，2007）。与普通学生相比，长期进行冥想训练的练习者表现出更加卓越的注意力持续技能（Brefczynski-Lewis et al.，2007）。

冥想是一种用于儿童注意力训练的有效工具。在一项经典的研究中，研究人员教授一群来自社会经济弱势群体的三年级学生通过集中注意力和无视干扰的方式进行冥想，并指导他们如何进行自我提问。孩子们会问自己“我在哪儿（注意力层面）”，如果答案是“不在这里”，研究人员会让他们先抛开当前的关注点，返回到眼前的目标对象。该训练教会了孩子们如何放松以及留意自己的感受，并教会他们如何自主地改变自己的唤醒状态来应对考试焦虑。孩子们能够将注意力从关注压力的来源（比如，害怕考试失败）转移到关注自己当前的想法和身体感受上。短期的冥想训练令这些孩子受益匪浅，通过词汇知识和阅读理解测试的得分表明，他们的注意力和自我调节能力得到了显著的提高（Linden，1973）。

其他一些近期的研究也表明，多动症儿童及其家庭也可以从冥想训练中获益。在一项研究中，被试家庭参加了一个一周两次、每次 90 分钟的冥想指导课程。其中，父母为一组，孩子为另一组。冥想教练指导两个小组通过静默、集中注意力来感受自己内心的平静。几周后，孩子们容易注意力分散、过度活跃的情况得到改善，他们的自尊心、人际关系和睡眠质量得到了提升，焦虑感也有所下降。被试父母则表示自己感觉更快乐、压力变小并且能够更好地管理孩子的行为（Harrison，Manocha，& Rubia，2004）。一百多年前，威廉·詹姆斯（William James，1890/1983）就曾提出，我们应该如何培养孩子的注意力。詹姆斯说，如果能够弄清楚这个问题，我们就能够弄明白什么是最好的教育。冥想疗法也许能为詹姆斯的问题提供一个关键的答案（Brefczynski-Lewis et al.，2007）。

小贴士

- 为了集中注意力，儿童必须保持一种冷静、警觉的身体状态。
- 在看护人和教师的帮助下，儿童自我调节唤醒水平的能力在童年时期缓慢发展。
- 冥想能够改变我们的大脑和神经系统，激活控制警觉性和平静状态的区域。
- 冥想训练可以教会儿童如何控制自己的注意力和情绪。

运用自我调节提高学生的课堂注意力

➢ 通过对学生的行为和情绪控制提供外部支持，提高他们的情感意识，促进自我调节

小学阶段的儿童正处于学习自我调节这一复杂的发展过程中。对于一些孩子来说，从由他人调节自己的唤醒状态到自己能够独立完成，是他们的认知和情感发展中最具挑战性的障碍之一。因为即使是自我调节能力的细微改善对儿童的注意力和随后的认知发展都会产生持久的影响，因此，作为教师，在课堂教学中应鼓励学生了解自己所处的状态并在必要时有意识地做出改变（Howse，Lange，Farran，& Boyles，2003）。

给学生提供一个自我调节的情境和语言示范。比如，你可以通过说“我感到有压力”或者“我现在精力很旺盛”进行示范，然后问学生“你现在需要休息吗？”。如果他们并没有放松下来，你可以再问问学生“你会怎样改变你的状态？”，让学生知道，做 10 个深呼吸可以减轻压力。此外，要设定明确的要求和目标，给予反馈并明确相应的后果，以及教授一些其他的自我调节策略，比如，从1数到10，或者进行渐进性的肌肉放松训练（Goldberg，2002）。在纪录片《抚养该隐》（*Raising Cain*，2006）中，发展科学家迈克尔·汤普森（Michael Thompson）以五年级教师奥特里及其班上一名被诊断患有多动症的学生凯文为特写，进行拍摄。当奥特里老师看到凯文的注意力开始分散时，他就会问："凯文，你需要出去走走吗？"然后带着他围着教学楼走一圈，这样凯文便可以稍微休息一下，四处走动走动，然后再回到学习任务中。一段时间之后，凯文开始能够了解自己的唤醒状态，并在需要休息时会告诉奥特里老师"我觉得我需要休息一下"。

提高情感意识的秘诀在于练习。就像在健身房锻炼肌肉一样，你越是控制你的情绪，你就会建立起更多的"情感肌肉"（Helpguide，2010）。进行情绪训练的孩子将能够改变他们的感受、思考和行为方式，他们将能够掌控自己的身体，从而建立更好的人际关系并提高在学校的表现。随着神经系统的成熟，他们也将更有能力内化自我调节策略。

让班上学生在完成一项重要的任务之前和之后做一个情绪和唤醒状态评估。可以使用一个简单的工具，比如自我评估模型（the Self-Assessment Manikin，简称SAM，参见图2.1）（Bradley & Lang，1994）。该图可以帮助学生直接明确自己的快乐程度、唤醒状态以及在特定情况下的主导反应。你可以尝试进行一个班级实验，对班上学生一天中的情绪加以研究。你可以通过让学生在休息后、午餐前或者进行小测验前匿名填写自我评估表，来收集你要的数据，然后将这些评估表收集起来并提炼需要的信息，比如，学生什么时候感到压力最大或者最放松？引起他们的唤醒水平和情绪状态的原因可能是什么？可以让学生提出一些让自己在兴奋或情绪低落时快速冷静下来的策略，并让他们去联想自己在兴奋或失落时的注意力情况。

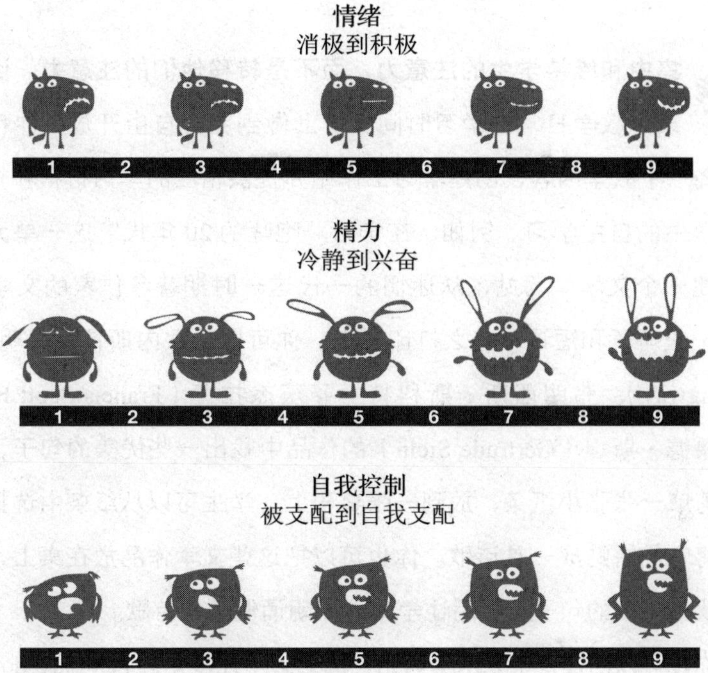

图 2.1　自我评估模型（SAM）——情绪评估工具

➢ 在情感上支持你的学生，避免管得过细

在互动教学和问题解决的过程中，来自成人的积极影响和表扬都能够促进儿童坚持完成任务、进行自我表扬以及在选择性注意测试中的表现（Stipek，Recchia，& McClintic，1992）。情感支持能够增强孩子的探索意愿，从而有助于他们与环境接触。

相反，很少从母亲那里得到情感反应和支持的孩子往往注意力不集中、做事情缺乏毅力（Redding，Harmon，& Morgan，1990），而父母和教师过度加以控制又会破坏儿童导向的游戏，干扰孩子的自发参与。习惯于由成年人来控制自己行为的孩子很少有机会遵从自己的内在兴趣参与与环境的互动，而这反过来又使他们产生并维持注意力变得更加困难（Calkins & Johnson，1998）。当成年人不断地转移孩子的注意力时，这些孩子的注意力水平就会下降（Bono & Stifter，2003）。

集中和维持学生的注意力，而不是转移他们的注意力。你可以选择某个教学日，在学习时间安排上做到完全自由开放，你可以从课程中选择一个教学内容，创建学习工作站并提供相应的学习材料和指示，从而促进学生的自主学习。例如，在学习“咆哮的 20 年代”这一单元时，你可以创建一个文学学习站，从迷惘的一代这一时期著名作家的文学作品中摘录出一些句子和短语，将之打印出来。你可以从欧内斯特·海明威（Ernest Hemingway）、弗朗西斯·斯科特·菲茨杰拉德（Francis Scott Fitzgerald）、格特鲁德·斯坦（Gertrude Stein）的作品中找出一些优美的句子，将它们打印并剪成一张张小纸条，放到一张桌子上。学生可以从纸条中选择喜欢的句子，将它们拼贴成一首诗歌。你也可以把这些文学作品放在桌上，以便学生想要找出更多的句子，然后让学生大声朗诵他们的诗歌。

你也可以创建一个艺术学习站，放上萨尔瓦多·达利（Salvador Dali）、巴勃罗·毕加索（Pablo Picasso）的画作，并提供一些画架和颜料。最后，你还可以创建一个创新工作站，通过一些图片向学生展示 20 世纪 20 年代的一些科技发明，并在工作站中放上一些黏土、积木或者其他雕塑材料，这样学生就可以自己去创造一些他们认为很奇特或有趣的发明。如果学生对某个学习项目感兴趣，那么你可以问问他们愿意在该项目上花多少时间。如果学生已经完成了某个学习项目，可以将他们引导到其他吸引他们注意力的活动上去。

➢ 引导学生进行正念和冥想

冥想能增强自我调节和注意力，也能让孩子的思想变得自由，使他们敢于探索并发挥想象力。有一次，我听到一位日本幼儿园教师谈论自己的班级。当听到她班上 5 岁的孩子每天冥想一个小时时，我震惊了！她的办法是让孩子闭上眼睛，想象自己像冰激凌一样“融化”到地板上。在将冥想融入课堂后，教师们都反映说，那些难以集中注意力的孩子开始有了明显的改善（Garth，1991）。

引导学生进行彩虹冥想训练（Garth，1991）。首先，让他们通过收紧和放松身体的每一个部位，从脚趾开始最后再到头顶，从而来放松整个身体。接下来，将学生聚集起来，让他们闭上眼睛，开始深呼吸。在深呼吸的过程中，你可以这样引导他们："吸气数到 3，屏住呼吸，然后呼气再数到 3。当你吸气时，你吸入的是新鲜的能量、爱、快乐和平静，它们正在进入并蔓延你的整个身体。当你呼气时，你可以想象所有消极的情绪、悲伤、无聊、愤怒或者疲倦正从你的鼻子中释放出来，离开你的身体并消失不见"（p.76）。对于年龄大一些的学生，你可以在呼吸时计数："1" 吸气，"2" 呼气，不断重复。一旦学生的身体、情绪和大脑平静下来，他们便做好了冥想的准备。通过使用影像，学生可以学会在脑海中勾画出自己的形象，然后你便可以慢慢地、悄悄地开始彩虹冥想：

"感受你的身体越来越轻。看见彩虹的所有颜色。感受你的身体充满了彩虹的所有颜色。你正在慢慢地释放红色，你的整个身体都变成了红色。感受你的身体正在释放活力和力量，你现在充满了活力和力量。"

你可以在网上搜索"彩虹冥想"（rainbow meditation），找到整套教程。最后，通过一些创造性的活动来结束冥想。让学生的注意力集中到自己的身体上，让他们去感受身体的每个部分，慢慢地扭动手指和脚趾，并转动头部。当学生做好准备后，可以慢慢地睁开眼睛，然后你可以引导他们将这种新凝聚的精力集中到舞蹈、艺术、写作或音乐的创作上，或者集中到观点分享、课堂讨论以及学术课程学习上。

注意力助推器 2：执行控制

伊莱一会儿讲个笑话一会儿做个鬼脸。有时候，他会在上课的过程中不合时宜地从座位上冲出来，无法抑制自己对新游戏或墙上海报的兴

奋。在1小时的数学课上，他几乎坐不住，更别指望他能够在安静的阅读时间集中注意力了。但是，在进行户外教学时，伊莱总是很积极活跃。他能够比其他同学找到更多躲藏起来的昆虫、漂亮的叶子或者奇形怪状的树枝，他会运用这些物体精心编造故事，给故事取些有趣的名字，并配上押韵的歌曲。

除了保持冷静、警觉的状态之外，为了集中注意力，我们还需要控制自己的思想和行动，这是大脑执行系统所负责的工作。就像一个小CEO（首席执行官）一样，执行系统将大脑和身体各部分的信息整合起来，确保所有系统都能顺利高效地工作，然后再决定如何做出反应（Goldberg，2002；Holler & Greene，2010）。执行系统有时被认为是大脑中最重要的认知系统，它与额叶皮层有关，而额叶皮层是我们人类大脑中进化最晚和发育时间最长的区域。事实上，额叶皮层要到30岁左右才能发育完全（Welsh & Pennington，1988）。执行控制使我们能够有意识地学习、集中注意力，并运用判断和推理进行学习，它还有助于我们集中和维持注意力、制订计划、做出决策、控制冲动和促进认知的灵活性（Müller，Lieberman，Frye，& Zelazo，2008）。

和许多里程碑式的认知发展过程一样，执行功能随着时间的推移而逐渐发展。事实上，有关执行控制发展的一些最具启发性的研究来自对儿童所犯“错误”的观察。例如，年幼的孩子经常会过度地使用计划和规则，即使向他们展示了正确的做法，他们还是会坚持错误的策略。在一个名称为“找A不找B”的经典的捉迷藏游戏中，研究人员向8—10个月大的婴儿展示了一个很吸引人的玩具，并在他们面前将玩具藏起来，孩子们成功地在A处找到了玩具，接下来，他们看着研究人员将玩具藏到一个新的位置（B处）。然而，结果却是，他们虽然看到玩具被转移到了B处，但还是继续在A处寻找，犯了“找A不找B”这样一个错误（Marcovitch & Zelazo，1999；Piaget，1954）。孩子们的这一反应是执行功能还未发育成熟的典型表现，虽然他们看到了新的隐藏地点，但还是没法转移注意力，未能抑制前一次成功找到玩具所带来的影响。在“找 A 不找 B”游戏中，大脑的测试结果显示了额叶皮层的激活，正如放电神经元的脑电活动（又称作脑电图）所测量的结果一样（Bell & Fox，1992）。

执行控制在学前阶段发展迅速（Zelazo & Müller，2002）。大多数 2 岁的孩子在找隐藏的玩具时会盯着某个固定的地方寻找（包括在玩具之前被藏的地方寻找），但是 3 岁的孩子开始知道要变换搜索位置（Sharon & DeLoache，2003）。3 岁的孩子很难理解表象与现实之间的差异，但 4 岁的孩子已具备认知灵活性，能够区分一个物体的表象和实质（Flavell，Green，& Flavell，1995）。（这就是为什么“抓鼻子”游戏，即将大拇指放到食指和中指中间代表被抓到的鼻子，在早期时能激发孩子兴趣的原因，因为 4 岁的孩子已经能够将大拇指与鼻子建立联系。）额叶处于成熟初期的儿童也很难抑制对无关信息的关注，无法将注意力集中到相关目标上（Ridderinkhof & van der Molen，1995），但随着执行系统和大脑结构的发展，年龄较大的儿童处理干扰的能力得到提高，并能够同时关注两个或两个以上的信息（Bunge，Dudukovic，Thomason，Vaidya，& Gabrieli，2002）。

在正规学校接受教育对孩子的执行控制有积极影响，会给孩子带来其所处年龄段应有的变化（McCrea，Mueller，& Parrila，1999）。执行控制在课堂上的特征很明显，即孩子们能够集中、维持并将注意力恰当地转移到手头的任务上，同时能够抑制与他人竞争的欲望，提前做好计划，并适应所发生的变化。学校可以给孩子带来常规，帮助他们组织和整合多种信息资源。课堂教学也能够给孩子提供新的不同的情境，使他们学会以适当的情绪和行为方式做出回应。在一项实验中，研究人员让幼儿园孩子进行一项游戏，游戏名称为“找出不同”，他们被要求从三样东西中选择一个他们认为很奇怪的东西，但对测试对象的要求是，不能将同样的规则从一个实验应用到另一个实验中。有时候这个奇怪的东西的颜色与其他的不同，有时候形状不同，有时候方向不同。结果发现，在这一执行控制任务中表现优异的孩子在学业成绩测试方面也很出色。这一研究表明，执行控制能力可以预测一个孩子的词汇水平、社交能力以及考试成绩以外的学业成就（George & Greenfield，2005）。一个孩子即便掌握大量词汇，在智商测试中得分很高，并拥有良好的社交技能，但如果无法集中注意力，不能解决日常生活中出现的问题，或者当以前的问题解决策略不起作用时不知道灵活变通，那么这个孩子在学校中就会很吃力（Goldberg，2002）。

训练执行控制能力

尽管我们倾向于将注意广度看成是一种天赋，受遗传或年龄的限制，然而，最近的研究表明，人类的注意力是可塑的，训练能够对其产生很大影响。练习如何集中、维持和分散注意力可以提高注意力技能，而这些注意力技能比完成具体的任务更重要。近期一些重要的研究探讨了经验对于儿童的执行控制和注意力发展的影响。一群发展科学家针对 4—7 岁的儿童进行了一项为期 5 天的注意力训练，该年龄段的儿童正处于大脑执行控制区域的重要发展阶段。孩子们在电脑游戏中学习使用操纵杆将猫移到草地上以避免沾上泥浆。随着游戏的进行，草地逐渐缩小，泥浆逐渐增加，这需要孩子们对猫进行更细致的控制。随着任务难度的增加，该游戏需要孩子们同时运用工作记忆和解决冲突的技巧。5 天后，经过游戏训练的孩子与另外一组参与其他游戏互动的同龄孩子进行比较，结果发现，接受过训练的孩子不仅表现出出众的注意力，而且在智力测试方面的进步也比其他孩子明显得多。但最有趣的是，接受过注意力训练和执行控制训练的孩子的大脑由于这段经历而发生了改变，他们的注意力和情绪控制区域的大脑激活状态看起来跟正常成年人的一样（Rueda，Rothbart，McCandliss，Saccomanno，& Posner，2005）。注意力训练也能帮助阅读障碍儿童的书面写作和口头表达。同样，工作记忆训练能够帮助儿童和成人改善多动症的情况（Klingberg，Forssberg，& Westerberg，2002）。

大脑并不是固定不变的，会随着我们的经历而发生改变。如果我们改变做事情的方式，我们的大脑就会进行重组，反映出新的行为模式（Doidge，2007）。这对于注意力训练来说是个好消息，因为这意味着由于注意力障碍而学习困难的孩子可以克服这些问题，重新建立他们的注意力系统。

执行控制中使用的语言

我们调节思想和行为的能力来自与他人的交往。人类是社会动物，运用语言来创造意义和了解文化。语言在执行功能的发展中发挥着重要作用：它不仅使孩子从直接的知觉经验中解脱出来，让他能够计划行动，还让孩子能够真正地掌控自己的行为。根据苏联发展科学家维果茨基的观点，“智力发展过程中最重要的时刻发生在言语和实践活动这两个原本各自发展的领域产生交集的这一刻，由此诞生了人类所特有的实践形式和抽象思维”（Vygotsky，1930/1966）。

语言会引导人们关注问题的某些相关维度，帮助孩子形成假设、制订行动计划，同时有助于维持短时记忆（Meichenbaum，1977）。有趣的是，孩子的社会经济地位（衡量其所受教育和家庭收入的一个指标）可以预测他的语言发展。社会经济地位较高的父母会更多地与孩子交谈，运用语言与孩子进行对话，而不是直接引导孩子的行为（Hoff，2006）。一项研究发现，在孩子3岁时，母亲通过口头解释一个物体的可能用途从而帮助他们解决问题，这样的孩子到4岁时，拥有更高级的语言技能和更好的空间推理能力（Landry，Miller-Loncar，Smith，& Swank，2002），这便是维果茨基所倡导的从社会到心理层面的运动。

自言自语

我的儿子阿列克谢刚学会走路，每次在他用木制火车玩具搭建新的火车轨道时，都会自言自语：“我要在这里搭座桥……我还需要建一个弯曲轨道……这个必须要放在这里”。在整个童年时期，儿童会通过大声地自言自语来引导自己的行为和注意力。帮助我们指导自身行为的内在声音需要一段时间才能得以内化，在变成思想之前需要经历一个中间步骤（Luria，1961）。通过自言自语，儿童能够将社会互动转化为个人的心理组织。自言自语是执行功能发展的一个标志，儿童通过自言自语来识别自己的内在状态和外部条件，并计划和指导自身的行为。简言之，他们是在运用自言自语控制执行系统（Diaz & Berk，1992）。

自言自语有助于问题解决。在一项经典的研究中，3 岁的孩子被指示在红灯亮时按下按钮，在蓝灯亮时不要按下按钮。这一任务对孩子们来说非常困难，大多数时候他们都无法控制自己不去按按钮。当看到灯亮时，他们的手会下意识地伸出去。随后，研究人员让孩子们在看到灯亮时对自己说“按”或“不按”，他们的表现立马有所反转（Luria，1961）。

在相反的情况中，我们也看到了类似的结果：当研究人员禁止孩子在困难的任务中使用自言自语时，他们的表现会很糟糕。在一项重要的研究中，一组 7—10 岁的儿童被要求完成“伦敦塔”任务，这一任务要求孩子们在心中预先计划好移动的步骤顺序，使堆叠出的伦敦塔与样本中的保持一致（参见图 2.2）。在完成任务的过程中，孩子们要与实验人员一起不断地重复“星期一”这个单词（以阻止他们在心里制订计划时自言自语）。第二个小组的儿童一边跟着实验人员用脚打拍子，一边完成伦敦塔任务。结果发现，因为要重复说一个单词而导致自言自语被打断的孩子比只需要用脚打拍子的孩子表现要糟糕得多，有自言自语倾向的孩子比同龄人更容易受到发音的抑制（Lidstone，Meins，& Fernyhough，2010）。由于在这项艰难的任务中没法自言自语，他们无法制订计划和保持注意力。总之，与任务有关的自言自语对于任务表现和未来的成就至关重要。

自言自语对课堂具有重要的影响（如果孩子们在课堂上吵吵闹闹，教师会进行警告，尤其是在评价和测试时）。教师对自言自语的看法很重要，因为研究表明，教师会根据自己的教学理念和实践去积极地支持或阻止学生的

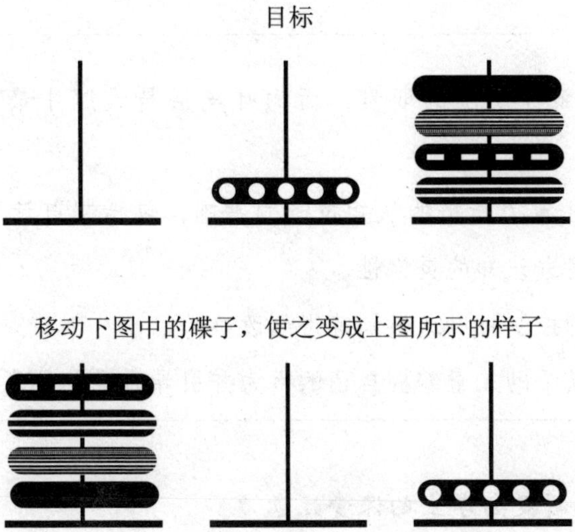

图 2.2　“伦敦塔”任务

自言自语（Deniz，2009）。在一项研究中，由于大人的鼓励，孩子们对自言自语的使用增加了一倍多（Lee，1999）。在另一项实验中，40 名儿童在有教师的指导帮助以及没有教师的指导帮助下去解决一些难题。结果发现，在解决问题时自言自语的孩子更有可能找到正确的解决办法，更重要的是，如果孩子们在解决问题的过程中得到大人的指导帮助，他们更有可能会自言自语（Winsler，Diaz，& Montero，1997）。

当普通教育和特殊教育领域的小学教师被问及他们对于自言自语的经历和看法时，所有的教师都说，在他们的课堂上看到过自言自语现象。然而，70% 以上的教师表示，不知道如何去回应孩子们在课堂上的自言自语，超过 57% 的教师认为，自言自语对课堂学习会产生负面影响（Oliver，Edmiaston，& Fitzgerald，2003）。如今，大量的发展科学研究表明，自言自语有助于激发执行控制，教师不应该为了保持课堂安静而压制学生的自言自语。自言自语通过引导和调节注意力来推动学习，而在一个有效的课堂上，学生的学习比教师的控制更重要。

小贴士

- 执行控制是额叶皮层的职责，而额叶皮层是大脑中最后一个发展的区域。
- 执行控制是注意力所需的认知技能的基础，包括制订计划、做出决策、控制冲动和促进认知的灵活性。
- 注意力和执行控制可以通过训练得到改善。
- 自言自语可以帮助儿童掌握自己的行为并引导自己的注意力。

运用执行控制提高学生的课堂注意力

➢ 利用课堂时间训练和练习学生的注意力与执行控制技能

执行控制是大脑额叶所管辖的众多能力的一个总称，这些能力对于注意力和学习至关重要，并在整个童年时期断断续续地发展。在设计课堂教学时，教师要考虑到学生的接受、组织、计划、问题解决、适应、整合以及自我监管的能力在不同年龄段的发展，因此所设计的课堂教学要能适应不同阶段的要求（Goldberg，2002）。对于学龄前儿童，可以建立日常常规，鼓励他们使用叙述性的语言来促进组织能力的发展。比如，可以像念颂歌一样反复地提醒孩子，“走进教室后，应把外套挂起来，把背包放到小隔间里”。可以使用图像和符号来指导学龄前儿童完成多步骤的任务，比如，早晨起床后如何穿衣服、吃早餐、梳头和刷牙。对于小学阶段的儿童，可以教他们如何确立目标以及制订计划，帮助他们为长期项目制订时间安排计划，对活动、时间安排、任务和截止日期进行书面记录，并对组织形式和组织工具的有效性加以监督。

让学生自己制订任务方案。例如，加利福尼亚州的一群四年级学生参与了一项有关传教机构的研究项目。他们从自己所在州原有的 21 个传教机构中选择一个，对它的建筑结构和设计进行研究，并制作了一个精确的比例模型，包含了教堂、四合院、传教机构的建筑以及周围的花园。在进行一个类似这样的多步骤任务时，可以先让学生思考他们的计划与方案。他们需要罗列出完成任务所需的步骤、每一步的时间安排、所需的物品材料，以及应找到的研究资料。你可以帮助学生去分解这些步骤并制订一个时间安排。通过这种方式，使得该项目的设计与实施同样具有了教育意义。当学生制作完最终的雕塑或模型后，接下来可以让他们汇报自己的制作过程。就像实验报告一样，过程报告就是对一个项目的实施过程进行汇报。过程报告也可以采用多媒体或更具创造性的形式，学生可以通过拍摄或者文字的形式将完成任务所采取的步骤记录下来，并留出适当的空间对自己的完成过程加以自我点评。如果采取口头汇报的形式，可以让学生介绍一下自己的任务情况以及他们创造和学习的过程。可以设置这样一个环节——“下次我想尝试以不同的方法去做的事情”或者“修改后的时间安排”，这会有助于学生去思考执行控制对注意力的作用。

➢ 在提供指导的同时培养学生的独立性

有效的课堂学习要能够权衡好提供外在的指导帮助与鼓励学生的学习自主性之间的关系。虽然年龄较小的孩子还没有计划和组织自身行为的能力，但是年龄大些的孩子，随着外部支持的逐渐减少，能够利用自己思维工具箱中所积累的执行控制技能。当孩子们有独立自主的机会时，他们可以在成人指导帮助的基础上检验并完善自己的执行控制技能（Goldberg，2002）。对于学龄前儿童，可以让他们从多种材料中选择想要的材料去完成一项艺术项目。对于年龄较大些的孩子，可以让他们选择自己喜欢的任务类型，这个任务类型可以是口头报告、创意写作或者视觉模型。

让学生自己讲课。我们很多人在成为真正的教师之前，将学校中的很多时光都花在了玩耍上，我们知道玩耍对于学习多么重要。首先，选择一个你之前已经介绍过的主题，然后告诉学生，他们不需要阅读完所有的内容，只需要阅读一部分。当他们读完自己的这一部分后，需要找到一种有创意的方式将该部分教授给班上的其他同学。孩子们喜欢表现，当他们准备向别人做展示时，他们会更加认真细致地去阅读这一文本。在这一过程中，他们也在学习重要的执行控制技能，比如计划、组织、整合以及自我监管。

将学生分成不同的小组，每一小组负责阅读、研究一个部分，然后教授给班上的其他同学。小学教师兼发现学习提倡者特蕾西·贝尔特（Tracie Belt，2008）指出，让学生自己讲课可以遵循以下几条原则：

1. 小组中的每名成员都必须阅读分配给他们作为家庭作业的这一部分，并做好准备，第二天和小组成员一起讨论。
2. 每名成员都必须参与小组展示的筹备计划。可以给每个小组分配一位协调员，协调员的职责是确保每个小组成员都参与并做出自己的贡献。
3. 选择一名小组成员来为小组的陈述展示寻找或制作一个视觉辅助工具。
4. 选择另外一名小组成员负责找一篇有关展示内容的杂志、网页或者报纸上的文章，这篇文章必须要运用到陈述展示中。
5. 再安排一名小组成员找出三个通过阅读课本所无法发现的有趣事实。
6. 最后再找一名小组成员进行总结并写出三个反思问题，在小组展示的最后读给班上的同学听并进行提问。

所有的展示都必须要有一些吸引人的环节、道具或者其他有创意的东西来让人印象深刻。给学生一两天的时间来准备他们的陈述展示，到了第三天时，由每个小组向全班展示他们所负责的部分。如果他们愿意，可以穿得正式些。在每一次展示的最后，当小组成员总结这节课应该学习掌握的内容并提出三个思考问题时，学生应该将这些要点摘抄到自己的笔记本上。这样，所有学生都能有自己的学习笔记，在进行单元测试时可用来复习（Belt，2008）。

➢ 鼓励元注意

对注意力及大脑机制的理解和反思有助于孩子控制自己的注意力（Cardillo，2009）。有关注意力训练的研究表明，注意力受有意识的控制所支配。一个孩子对注意力的意识可以影响他集中注意力的能力和倾向。在一项有趣的研究中，一群幼儿园的孩子、二年级的孩子以及六年级的孩子参与元注意训练，他们需要在有音乐干扰的情况下完成一些艰难的注意力任务。研究人员向孩子们介绍了人类注意力的本质、评价任务难度的方法、如何确定所需注意力的类型，以及背景音乐和其他干扰使注意力任务变得更加困难的原因。研究人员还引导孩子们自言自语，鼓励他们在完成任务的过程中悄悄地自言自语从而来引导自己的注意力。毫不奇怪，接受元注意训练的小组在注意力任务方面的表现远远超过了同龄人（Kaniel & Aram，1993）。

在开展需要高度集中注意力的课堂任务之前进行自我检查。比如，进行测试或者小组讨论。让学生了解自己当前的注意力状态，他们可以问自己：“我在哪儿？”“这是什么情况？”“在这种情况中，我的目标是什么？”“我的目标与我的愿望是否一致？”“过去我在碰到这种情况时是如何做的？”“我该如何做出不同的行为？”“怎样才能避免那些我不想重复的行为？”接下来，鼓励学生去关注课堂环境的要求。要做到这一点，他们可以问自己：“在这种情况中，我与他人的关系是什么？”“这种情况需要什么样的关注？”“我应该采取哪些行为（比如，保持安静、不要提问）或者禁止哪些行为？”“我能够预测到哪些干扰，当干扰出现时我能做什么？”

重复这些或类似的问题有助于学生形成自主的习惯。可以采用书面形式来回答这些自我检查问题，并保存到学生的档案袋中，或者让学生结对，互相讨论。自我检查也可以由学生自己安静地完成，教师负责读这些问题，学生对照问题静静地反思自身的情况。自我检查可以用于冥想时间，或者作为激起学生课堂学习兴趣的一种方式，它们对于学生在课堂上可能需要的各种各样的注意力都非常有用。

注意力助推器 3：运动

> 菲奇蒂·菲尔永远不会安静地坐着，他动来动去，咯咯地大笑。我提醒他之后，依旧安静不下来，前后晃动，将椅子翘了起来……
>
> （Hoffmann，1845/1995）

运动和行为常常被认为是注意力的对立面，在工业化时代的课堂模式中尤其如此，孩子们一排排安静地坐着，面朝着教室前面，遵循着教师制定的规则，认真地听着教师的传授与讲解。然而，四处走动确实会对注意力的形成和使用产生重大影响，当儿童的运动和行为得到有效利用时，会对他们的注意力起到强大的推动作用。

从婴儿时期开始，学会控制自己的行为就是一个值得欢呼的重要成就。对于我年幼的女儿索尼娅来说，每天最值得她关注的就是自己的一些行动表现，比如，将手放进嘴巴里，拍打悬挂在她婴儿床正上方的玩具，或者用手去抓玩具，并成功地将玩具塞到嘴里。当她开始爬行和走路时，她将会经历早期发展阶段的一个重要转变，她的感知能力、认知能力、社交能力以及情感的发展都会突飞猛进（Campos et al.，2000）。正如哲学家马克·约翰逊（Mark Johnson，1987）所认为的，我们的经历由我们的身体运动模式所塑造。研究表明，自我运动可以改变婴儿对距离的体验，将注意力集中到一些可能不在他们面前的物体和事件上（Campos，Kermoian，& Zumbahlen，1992）。一项研究发现，婴儿在学会爬行或走路之后才具备了分配注意力的能力（比如，一边环顾房间，一边操纵身边的物体）（Freedman，1992，引自 Campos et al.，2000）。能够自主运动的婴儿更加容易集中注意力，在上文提到的捉迷藏游戏“找 A 不找 B”这一任务中，那些一直盯着正确的隐藏位置的孩子更容易找出所隐藏的物体。对于一个行动自如的婴儿来说，即使要找的物体从他们眼前消失了，知道该物体在哪里也为他们四处寻找提供了重要线索（Acredolo，1985）。

幼儿醒着的大部分时间都在运动，跑、跳、滚、玩、翻筋斗、摔跤是他们通常会做的事情。事实上，孩子们的身体、新陈代谢、骨骼结构决定了他们一天到晚都活力满满（Oz，引自 Imus，2008）。因此，与其要求孩子们安静地坐着，不要乱动，不如接受他们好动的这一特质。纽约大学社会学家芭芭拉·卡茨·罗思曼（Barbara Katz Rothman）回忆她带着孩子来到荷兰时的情景："我们搬进了一幢公寓楼，里面住着的大部分都是老年人……那时，我的女儿维多利亚 5 岁，非常活跃。搬进来后，我马上带着她去拜访住我们楼下的邻居。我告诉邻居，如果维多利亚到处乱跑乱跳造成的噪声使她感到困扰，可以直接告诉我。跟她说完之后，她一脸困惑地看着我，我想可能是语言问题导致她没有理解，于是放慢语速，又耐心地解释了一遍……当她明白我在说什么之后，老妇人充满关心地向我伸出手并说道：'亲爱的，孩子就应该多跑多跳。'"（Katz Rothman, 2000，p.12）因此，让我们一起来重新看待孩子的运动，看到运动对于提高孩子注意力、帮助他们释放自己的能量，以及使他们扭动身体、咯咯大笑并从椅子上蹦下来这一积极的一面。

运动与自我调节

运动促进注意力的第一种方式与自我调节有关。如果孩子们能够通过跑步、运动、疯狂地玩耍来释放所有被压抑的精力，他们就能更好地集中注意力。休息是自我调节的一种好方式。在 20 世纪 50 年代，每天有三次课间休息在美国学校中很普遍，而如今，超过 40% 的学区取消了课间休息或正在考虑取消（Mulrine，2000）。学校教师和管理层承受着巨大的压力，不得不将更多的时间用于学术学习，因为学生的考试分数直接与学校的资助经费相挂钩。教师们还指出，学校暴力是取消课间休息的原因之一。此外，取消课间休息也能够降低成本，因为对急救的需求减少，因事故或不当行为而打官司的可能性也由此降低（Lindsay，1994）。

当然，发展科学研究所揭示的是另一个完全不同的答案。孩子们应该有更多而不是更少的时间来自由地活动他们的身体，其中一个关键的原因便是注意力。一些发展科学家认为，多动症的加剧很可能是因为孩子们没有足够的机会四处乱跑（Panksepp，1998；Robinson，2010）。事实上，多动症的加剧与标准化考试的增加以及孩子们用于课间自由奔跑和玩耍时间的减少有着密切的联系。

在 19 世纪，德国记忆研究先驱赫尔曼·艾宾浩斯（Hermann Ebbinghaus）对记忆的集中与分散练习展开研究，并发现在进行困难的任务时适当休息，能够最大化地促进学习（Ebbinghaus，1885/1913）。最近，发展科学研究已经非常明确地表明，课间休息可以提高学生上课的注意力。休息之后，所有年龄段的学生的注意力都更加集中，很少乱动。一项研究发现，不论孩子们在休息时的运动量或运动形式如何，休息过后，他们的注意力都大大地提升（Ridgway，Northup，Pellegrin，LaRue，& Hightshoe，2003）。另一方面，研究表明，孩子们在课堂上待的时间越长而没有休息，他们的注意力就越不集中（Pellegrini & Davis，1993；Pellegrini，Huberty，& Jones，1995；Pellegrini & Smith，1993）。同样，当孩子们有课间休息时，不管是有多动症的孩子还是没有多动症的孩子，他们的不当行为也都明显减少（Holmes et al.，2006）。由此可见，课间休息多么重要。有很多理由都表明，我们应该让孩子多奔跑、多活动他们的身体，尤其是在课堂上问了他们很多问题的情况下。

大脑、身体与学业成就

身体活动能够为大脑提供健康的压力。就像锻炼你的肌肉一样，身体运动之后的休息能够促进大脑的适应和发育，有助于大脑应对未来的挑战（Mattson，2004）。科学家最近发现，进行有氧运动能够增强心脏向大脑输送氧气的能力，影响大脑结构、脑血流量、神经递质的产生，以及负责神经元的发育和存活的蛋白质的产生，而这每一方面的增强都有助于认知能力的改善（Chodzko-Zajko & Moore，1994；Etnier，Nowell，Landers，& Sibley，2006）。有氧运动还能刺激海马区，即主要参与学习和记忆的大脑区域的新生神经元的生长（Hillman，Erickson，& Kramer，2008）。运动能够给身体、社交和智力带来挑战，为大脑适应创造机会，并促进认知的健康发展（Sattelmair & Ratey，2009）。

有氧运动与儿童时期认知功能的提高有关，这一时期是大脑发育最活跃的时期（Hillman，Buck，Themanson，Pontifex，& Castelli，2009）。当孩子们经常参加一些激烈的游戏时，大脑额叶的刺激会增加，冲动会减少，执行控制的能力也有所增强（Panksepp，2007，2008）。非常健康的孩子通常都有跑步和玩耍的习惯，他们在需要发挥执行控制功能的注意力任务上会取得更大的成功，在数学和阅读测试方面的表现也更好（Castelli，Hillman，Buck，& Erwin，2007）。事实上，最近一份有关儿童发展研究的文献综述发现，孩子的运动与感知、智商、学业成绩、标准化数学和语言测试成绩以及学校准备之间有着密切的联系（Sibley & Etnier，2003）。一项实验研究发现，一群7—12 岁有氧适能较好的孩子在执行控制任务上的表现也更好，他们的大脑也显示出注意对象和认知速度的增加（Buck，Hillman，& Castelli，2008）。

身体运动对认知发展的好处远远超过理论上所认为的学术时间减少可能会带来的损失（Taras，2005）。一项涵盖了 8000 名在校生的研究发现，学业成绩与学生的运动水平以及身体素质测试方面的表现有着显著的相关性（Dwyer，Sallis，Blizzard，Lazarus，& Dean，2001）。2004 年，加利福尼亚州教育部对大约 100 万来自五年级、七年级和九年级学生的标准化测试成绩进行了调查。他们发现，学生的整体健康状况（即有氧适能、肌肉力量、肌肉耐力和柔韧性的评估结果）与更高的考试成绩密切相关（California Department of Education，2005）。考虑到肥胖病越来越流行，以及这些新的发现表明身体运动有助于认知发展与学业成绩的提升，因此，面对孩子们想要从椅子上跳下来的欲望，我们应该给予拥抱和接受。

动中学

运动会影响注意力和学习，因为运动使大脑有机会去“处理信息”，而不仅是看到或听到信息，从而为大脑进行学习提供额外的信息支持。一个孩子的整个身体投入到学习中的程度越深，他就会越专注。伸手触碰、弹跳、平衡、单足蹦跳教会孩子们如何从多个角度去理解和认识这个世界。运动对感知的发展也有很多益处。例如，在外场跑几圈比站在原地不动能够帮助你更准确地判断自己是否能够接住飞球（Oudejans，Michaels，Bakker，& Dolne，1996）。

生物学家布赖恩·克赖泽（Brain Kreiser）和罗萨利纳·海尔斯顿（Rosalina Hairston）（2007）在讲授孟德尔遗传规律时，他们一直在努力地让学生理解有丝分裂和减数分裂的区别，然而年复一年，学生仍觉得这些概念很令人费解。于是，他们想出了“染色体之舞”这一概念，通过互动练习，引导学生去思考一些问题（“我们需要多少染色体？”“有丝分裂前期与减数分裂前期有何不同？”），然后让每个学生扮演一个角色，代表细胞的一个部分，并学习舞蹈编排，通过身体表演重新演绎这个过程。绝大多数学生认为，这种经历对他们的学习产生了积极的影响，他们记住了两种细胞分裂过程的细微差别，对这一知识的掌握远远好于之前的学生。

运动与注意流

你是否有过这样的经历，即专注于某件事情以至感到做起来毫不费力？历史学家称，米开朗基罗（Michelangelo）在西斯廷教堂的天花板上作画时，他一连工作了好几天，甚至没有停下来休息或吃东西，直到精疲力竭，稍作休息后他又精神焕发，再次沉浸到创作中。运动过程中这种极端的注意力形式有时被称作注意流（attention flow），它常常伴随着清晰的思路、自信、时间感的丢失、平静以及强烈的动机和满足感。在各种各样的动作（比如，视觉艺术表演、体育运动、音乐演奏或者下棋）中，达到一种注意流状态是判断该表现是否卓越的客观标准（Csikszentmihalyi & Csikszentmihalyi，1992）。处于注意流状态的人可能会忽视其他事物，因为他把所有的注意力几乎毫无余力地都集中到了手头的任务上（Csikszentmihalyi，1997a）。要想同时体验全神贯注与毫不费力看起来很矛盾，但这种强化的、非强迫性的专注有着独特的生理模式，似乎是由积极情感和高度集中之间的相互作用引起的（de Manzano，Theorell，Harmat，& Ullén，2010）。

当处于注意流状态时，担心、问题和压力会消失，其原因很简单，因为没有足够的精力去处理忧虑以及眼前的行为。根据日本古代武术大师的说法，"无心"（no mind）状态（即注意力从一种活动转移到另一种活动而不受思想的干扰）是最理想的状态。事实上，当我专注于一些复杂的运动，比如滑雪或山地自行车时，我发现，一旦我去注意路上的雪坡或岩石，我就会摔倒；相反，如果我让注意力自由流动，我就感觉自己与大山融为一体，变成了大山的一部分。

小贴士

- 运动会对注意力起到强大的推动作用。
- 运动可以释放压抑感，帮助儿童调节他们的唤醒状态，使他们能够集中注意力。
- 在进行困难的任务时适当休息，能够最大化地促进学习。
- 有氧运动能直接增强大脑功能。
- 儿童的整个身体投入到学习中的程度越深，他们就会越专注。
- 找到注意流状态是集中和维持注意力的一种理想方式。

那么，我们的学校教育应如何去促进学生的参与，让学生感受到学习的兴奋与快乐呢？

要想让学生在课堂上处于注意流状态，首先需要改变我们与时间的关系。当我们不去看时钟时，我们可以随着自己的感觉去分配课堂时间。在课堂学习中，学生需要能够专注于自己的学习项目、运动游戏或阅读，而不是在短短的时间里不断地变换学习主题。作为教师，我们需要找到一种方法来减少干扰。学生反映，在进行一些课外活动比如戏剧表演、管弦乐演奏、体育运动或者做作业时，最容易处于注意流状态，原因在于，这些活动往往遵循一种更自然的节奏，而不是将信息很生硬地呈现出来，让人猝不及防（Csikszentmihalyi，1997a）。

营造注意流状态的另一个重要的先决条件是，要让学生的能力与课程的挑战相匹配。如果挑战远远超过了学生的能力，他们就会感到焦虑；相反，如果学生的能力没有得到充分挖掘，他们就会感到无聊。而在一个拥有 30 名能力水平各不相同的学生的班级中，要想找到一个完美的挑战难度并不是一件容易的事（Csikszentmihalyi，1997a），但正如蒙台梭利模式所显示的那样，如果教室环境和可使用的学习材料丰富多样，每个学生都能找到适合他的挑战难度。和所有人一样，学生会以各种方式去寻求注意流状态。如果他们在学校中无法找到，他们就会在电子游戏中寻找；或者，如果他们经历了某些不幸的遭遇，他们就会通过砸车、放火来找到注意流状态（Csikszentmihalyi，1997a）。作为教师，将学生的行为引导到有意义的注意和体验上是我们的目标与职责。

通过运动提高学生的课堂注意力

➢ 安排时间让学生通过有氧运动和剧烈运动来释放自己的体能

发展科学家、医生和教师都提倡让孩子每天做一些有氧运动。剧烈的身体运动要能够对孩子充满吸引力、挑战与乐趣。伊利诺伊州内珀维尔市麦迪逊中学体育学科主管菲尔·劳勒（Phil Lawler）在自己学校的体育教学中引发了一场革命（Viadero，2008）。他所引导的教学项目被称作“体育为生活”（PE4life），鼓励每个学生朝着自己的锻炼目标努力。学生参与了一些传统的和现代的运动项目，例如，攀岩、跟着跳舞机节奏跳舞、骑互动式固定单车等。在运动的过程中，学生会戴上心脏监测仪来测试他们是否在最佳的有氧区域内运动。该项目正在美国全国范围内的学校中设立专门的部门，截至目前，项目小组已培训了 1000 多名教师，并有 350 多所学校在尝试效仿他们的这一项目计划。结果显示，这一教学项目的实施对学生的身体和智力发展都带来了惊人的影响。在加利福尼亚州，高达 30% 的学生体重超标，而在实施“体育为生活”这一项目的学校中，超重的学生比例却不到 3%。在宾夕法尼亚州泰特斯维尔市的一所“体育为生活”试点学校中，学生的阅读和数学测试成绩从低于州平均水平进步到高于州平均水平 18 个百分点。在密苏里州堪萨斯城的伍德兰小学，“体育为生活”项目的实施提高了学生的读写能力，同时辍学率和留级率也下降了 67%（Sattelmair & Ratey，2009）。

将体育教育与认知发展及其他智力目标结合起来，以促进两者的共同发展。可以让学生骑着踏板车将放在体育馆场地两端的单词及其定义进行匹配（Viadero，2008），或者要求学生通过弹跳来回答算术问题（Hruska & Clancy，2008）。运动与学习过程应该结合在一起，而不只是生硬地将运动添加到现有的课程中。如果你是进行跨学科合作教学，你可以将运动纳入到你的核心课程中。让学生了解自己的进步，并互相帮助以实现彼此的学习和锻炼目标。

➢ 运用创造性的运动来教授认知概念

动觉体验可以使学习变得更加容易理解，扩大孩子们的创造力以及对自身身体的了解。一旦有了动觉体验，孩子们便能永远掌握这一概念，正如舞蹈编排者兼教师苏珊·格里斯（Susan Griss，1994）所指出的，在开始使用语言进行表达之前的很长一段时间内，人们都是通过滚下山丘、挥舞手臂、发怒地敲打地板、高兴地跳起来来表达自己的。在一节关于声波的科学课上，格里斯老师首先让学生猜测，在空气、水以及固体这三类介质中，声音在哪类介质中传播最快。然后，她根据“分子结构”让学生排列成一条线（固体组排列比较紧密，气体组排列比较分散），并让“声波”（触肩）通过这条线。当固体组率先完成后，学生瞬间明白了问题的答案。

将舞蹈和运动融入到数学课程的设计中。小学教师凯瑟琳·伍德（Katherine Wood）注意到，如果在课堂教学中加入运动环节，学生对讲授的知识和学习会更加地专注投入。因此，她设计了一个“方块舞”活动，这样学生便可以在特定的、有目的的情境中使用计数和数字常识。该活动的目的是突出数字加倍的概念，例如，将数字 8 进行加倍。孩子们在跳舞的过程中进行数数，活动结束后再一起讨论在完成舞蹈的过程中总共数了多少数。

孩子们对概念的理解不是立竿见影的，但在随后讨论这个话题时，该活动给他们提供了一个非常有用的参考。通过将概念放置到一个情境中，凯瑟琳老师能够引导孩子们进行新知识的学习。孩子们没有通过一遍又一遍地复述来学习正方形有四条边这一概念，而是在跳方块舞的过程中去思考正方形的相关知识及属性，这给他们带来了更深层次的理解和信息的长期保留（Wood，2008）。

➢ 给学生时间和空间去集中注意力，体验注意流状态

我们从有关注意流的研究中知道，挑战加上关联性可以导致更高的注意力和兴趣。我们还知道，给予孩子一定程度的自主性可以激发他们的内在动机，从而使注意力更加集中。课堂教学应能够将学习强度与学生的积极情绪加以整合（Shernoff，Csikszentmihalyi，Schneider，& Shernoff，2003）。作为教师，你可以花时间去创造一些令人愉快的挑战，让孩子们放手去做，全身心地投入其中。

在班级或学校中创建一个能够让学生体会到注意流状态的活动中心。伊利诺伊州的重点学校（The Key School）就创造了这样一个空

间，供学生进行一些挑战游戏。基于达到注意流状态可以激发更高的注意力和学习动机这一认识（高度的注意力和学习动机是影响学习的最重要的两个因素），重点学校的孩子们每天可以在活动中心待 40 分钟。该中心的活动刺激、有序而非结构化，以便孩子们能够随心所欲地参与到吸引他们的活动中。你可以用拼图、游戏或者手工物品来布置你的注意流状态空间，这样孩子们就可以完全控制和意识到自己的行为并感受到自由感。如果你能创造一个轻松的环境让学生放空思绪，在该环境中所发生的学习将会变得轻松而愉快，学生的学习也将会变得非常投入并充满动机（Whalen & Csikszentmihalyi，1991）。

第三章

理解儿童的记忆

我们在生活中学到的东西，从乘法表到道德课程，从感官印象到习惯，都是由记忆组成的。认知的特征，包括解决问题、做出决策和分类也建立在记忆的基础上。从某种意义上说，学习任何东西都需要去记忆。

因为大脑不会保留它认为无关紧要的信息，所以我们吸收的大部分信息都不会储存在我们的记忆中。对于神经网络而言，这些数据毫无意义（Wolfe，2001）。要知道儿童是如何学习的就需要了解他们是如何记忆的或者会去记忆什么（Cowan，1998；Courage & Cowan，2009）。

任何年龄段的学生，即使是那些在某一课程或课堂上表现出色的学生，也常常会忘记他们已学过的东西。在一项著名的研究中，施内普斯（Schneps, 1989）在毕业典礼上问哈佛大学毕业生“为什么地球会出现季节？”，结果发现几乎所有人都答错了。不是因为这些学生没学过地轴的倾斜会导致季节的变化这一知识，对大多数学生而言，他们可能在小学就已学过了，他们不知道仅仅是因为这些信息没有任何相关性或即时性，无法驻留在记忆中。

从发展科学的角度理解记忆

“记忆”这个术语有点误导人。在我们的大脑或身体里，没有可用于分别保存记忆的文件系统。相反，我们所说的记忆由许多不同的大脑结构及它们间的相互联系所对应的能力组成（Cycowicz，2000）。发展科学家称记忆是一种行为而不是实体。对大脑来说，记忆是在不同的神经网络中实时组织信息的过程（Wolfe，2006）。正确地讲，当我们记住某件事的时候，我们就会联想到当前，根据我们的经验和期望来拼凑细节（Reeder，Martin，& Turner，2008）。每次当我记住一个生活事件，我的大脑都会触发不同的神经通路。因为我们的大脑总是以最有效的方式运作，对应于每个记忆行为的大脑激活模式都是独一无二的（Freeman，1991）。

成年人卓越的记忆能力来自早期生活中的记忆表现。事实上，记忆活动从产前就开始了。因为胎儿无法直接告诉我们他们记得什么，发展科学家不得不设计精巧的测试来揭开他们的记忆。研究表明，胎儿能记住并识别振动的声音长达 24 小时（van Heteren，Focco Boekkooi，Jongsma，& Nijhuis，2000）。在一项研究中，在子宫里听流行歌曲的婴儿出生 2 ～ 4 天后听到同样的歌曲时，运动和心率会增加（Hepper，1991）。在一个类似的实验中，第一组母亲在早上起床前和晚上睡觉前播放一段 30 分钟的音乐磁带，然后记录下她们所感受到的任何胎动；第二组母亲简单地记录下她们的胎儿在正常情况下的运动。结果发现，听过音乐的胎儿，即使在出生后仍持续表现出特定的运动方式（Hong，1994）。妊娠晚期的胎儿有长达 10 分钟的短期记忆和长达 4 周的长期记忆（Dirix，Nijhuis，Jongsma，& Hornstra，2009）。在产前发育阶段使用到的早期记忆，将为其他认知技能的形成奠定基础。在子宫里表现出更强记忆能力的胎儿在童年时期也有非常好的表现，包括与看护人建立依恋感，对看护人声音的辨识，建立健康的母乳喂养关系，以及语言能力的发展（Gagnon，Hunse，Carmichael，Fellows，& Patrick，1987）。

与胎儿一样，婴儿也表现出惊人的记忆能力。在他们出生的第一年里，婴儿们建立起他们生命中最复杂的记忆能力（Gathercole & Alloway，2008a）。他们开始将某些景象、声音和气味与舒适的感觉联系起来，认识并记住那些关心他们的人。在一项研究中，研究人员要求母亲每天给新出生的婴儿唱一首童谣，每天一次，持续两周。三天后，婴儿被带进实验室并给他们使用特殊的可以感应他们吮吸速度［这一过程被称为高振幅吮吸（high-amplitude sucking）］的安抚奶嘴。一半的婴儿通过大力吮吸会产生熟悉的童谣旋律，吮吸缓慢会产生不熟悉的旋律；另一半婴儿吮吸缓慢会产生熟悉的旋律。结果发现，无论以哪种方式（快或慢）吮吸奶嘴而产生熟悉旋律的婴儿都表现出对这些旋律的长期记忆（Spence，1996）。

评估婴儿记忆的另一个好方法叫作延迟模仿（deferred imitation）。实验人员在婴儿面前以他们从没见过的方式玩一些有趣的新玩具，婴儿不可以去触摸或玩这些玩具，只能在一旁观看。然后，在延迟之后，他们会得到玩具玩耍，并与没有看过实验人员展示的婴儿进行比较。在一次延迟模仿实验中，研究人员向婴儿展示了一个戴着拳击手套的木偶，并从木偶的手上取下一只手套，进行摇晃使之发出声音，表示里面有铃铛，然后将木偶的手套进行了替换。演示结束后，立即将该木偶给 6 个月及 12 个月大的婴儿玩耍。与没看过实验人员展示的同年龄的婴儿相比，两组婴儿都取下了木偶的手套并进行摇晃。在经过 24 小时的延迟之后，他们仍然会这样做。然而，一周后再给他们该木偶时，只有 12 个月大的婴儿记得手套里有铃铛（Barr & Hayne，2000）。发展科学家曾经认为，在语言发展之前，是不可能有长期记忆的，但延迟模仿研究表明，不会讲话的婴儿可以形成长达一年的长期记忆（Bauer，1997；Meltzoff，1995b）。

罗格斯大学的卡罗琳·罗夫–科利尔（Carolyn Rovee-Collier）和她的同事们提出了其他一些创新方法来研究小婴儿的长期记忆。在这些研究中，婴儿被放在一张婴儿床上，头顶上方悬挂一个可移动的饰物，并在婴儿的脚踝上绑上了一个丝带，他很快就明白了当他踢的时候，饰物会移动。间隔一段时间后，该婴儿被放到同一张婴儿床上，但这一次，丝带没有和饰物连接在一起。如果婴儿还记得这个游戏，一旦他看到熟悉的饰物，他就会开始使劲踢！通过这个饰物游戏［称为共轭强化过程（conjugate reinforcement procedure）］，2 个月大的婴儿向我们表明，他们可以存储和检索长达两周的长期记忆（Sullivan，Rovee-Collier，& Tynes，1979）。

在婴儿和儿童刚开始发展他们的记忆系统时，即时语境对编码（记忆的获取）和检索（回忆）都会产生重要影响。在一项研究中，6 个月大的婴儿在一个独特的环境中学会了移动物体游戏，婴儿床四周布满了颜色醒目的条纹或圆点图案。随后在测试他们的记忆时，一半婴儿所处的环境发生了变化。那些周围环境从圆点图案变成条纹图案或者从条纹图案变成圆点图案的婴儿，他们的记忆表现不如那些周围环境没有发生变化的婴儿（Rovee-Collier et al.，1992）。视觉设计的改变和前后背景的变化也扰乱了婴儿的记忆（Hayne，Greco，Earley，Griesler，& Rovee-Collier，1986）。许多类似的实验发现，一种记忆模式开始显现。随着婴儿的记忆开始发展，其在经历一个事件时会去记忆该事件的具体细节而不是对事件整体做出反应。婴儿和儿童会逐渐地学会泛化（generalization，即在不同的情境中运用所编码的记忆的能力），但这一技能在生命最初的几年发展缓慢（Hayne & Simcock，2009）。

我们通常将爬行和走路看作移动能力发展的里程碑，自如走动也为知觉、认知和社会技能的发展带来了重要变化（Campos et al.，2000）。学习如何走路或爬行会影响记忆泛化，因为婴儿必须能够在新的地方立即认出熟悉的物体（Rovee-Collier，1996）。一般来说，婴儿在 9 个月大的时候开始在整体环境中泛化他们的记忆，这也是婴儿开始会爬行的平均时间。在一项实验中，两组 9 个月大的婴儿（一组会爬行，一组不会爬行）进行一个延迟模仿任务。实验人员展示了如何在玩具牛或鸭子上按下一个隐藏的按钮，让它们发出“哞哞”或“嘎嘎”的叫声。24 小时后，一半的婴儿在相同的情境中接受测试，另一半的婴儿在一个新的情境中接受测试，看看他们是否记得如何让动物“说话”。当在相同的情境中接受测试时，会爬和不会爬的婴儿都会按下按钮；但在新的情境中接受测试时，只有会爬的婴儿会去模仿按按钮的动作（Herbert，Gross，& Hayne，2007）。在对会走路的婴儿进行更复杂的延迟任务时，也出现了同样的结果（Gross，Hayne，Perkins，& MacDonald，2006）。

即使孩子学会了泛化记忆，情境也是引发记忆的一个重要因素，这就是我们会睹物思情的原因所在。而注意到某一情况的细微细节是我们学习过程的一个重要部分（Glenberg，1997；Smith & Vela，2001），随后当我们碰到熟悉的场景时，记忆会因此而被触发。在整个生命周期中，当具体的学习情境在测试过程中被重新创建时，个体会表现出超强的记忆力（Smith & Vela，2001；Tulving & Thomson，1973）。在一项经典的实验中，潜水员被要求在陆地或水下学习单词列表，然后测试他们在相同或相反情况下记忆单词的情况。结果发现，潜水员在原相同的环境下能回忆起更多的单词（Godden & Baddeley，1975）。有趣的是，熟悉的气味比其他感官知觉更容易激发记忆。最近的研究发现，气味唤起的记忆比话语唤起的记忆更容易将人带入对过去事件的回忆中（Herz & Schooler，2002）。在大脑层面上，嗅觉与视觉、听觉、味觉和触觉经历截然不同，因为它是唯一不需要穿过丘脑到大脑皮层的感官。大脑处理气味的区域直接连接到更高级的区域，包括海马体，一个用于大脑记忆的关键区域（Cahill，Babinsky，Markowitsch，& McGaugh，1995；Herz，Eliassen，Beland，& Souza，2003；Shepherd，2005）。

记忆助推器 1：工作记忆

瓦尔加斯先生提醒他班上二年级的学生在上完数学课后要记得遵守一些规则："将马尼拉表（manila sheets）放到桌子上，将数字卡放到卡片袋里，收起铅笔，然后坐到地毯上。"迈克尔离开座位到处乱走，过了好久才坐到地毯上，手中还拿着马尼拉表。愤怒的瓦尔加斯先生再次责备他："你需要听从指示，迈克尔。"而这已经是本周第三次迈克尔因不遵守规则而被训斥了。

不管我们是要着手解决一个复杂的认知问题，还是只是想要跟踪大脑待办事项列表上的项目，我们都需要在做其他事情的时候，保留几分钟或几秒钟的信息。工作记忆就像大脑中的临时便利贴，一个用来短暂储存信息并用于进一步操作的系统（Baddeley，1986）。例如，当我在大脑中计算 672 除以 12 时，我需要在我的大脑工作区储存这两个数字，记住如何做长除法，存储每一个步骤的答案，然后再将所有这些信息整合成最终的答案。其他使用到工作记忆的情况包括，在试着找一支笔写下电话号码时记住该号码，或者在听完对方的介绍后试图记住对方的名字（Gathercole & Alloway，2008a）。需要使用到工作记忆的活动在课堂上很常见，孩子们每天都会被要求做这样的事情，比如听从复杂的、多层次的口头指示，做心算题，或者完成听写（St. Clair-Thompson，Stevens，Hunt，& Bolder，2010）。

工作记忆的内容很容易被遗忘，我从惨痛的教训中学到了这一点。当我还在上大学时，我去当服务员，为了给顾客留下深刻的印象（同时也为了得到更多的小费），我会记住整个餐桌点的菜单，并立即输入电脑，而不需要把它们一一写下来。但如果有个同事叫我去拿番茄酱，我会忘了整个订单，不得不羞怯地回去再询问一遍。一旦我们工作记忆中的数据由于注意力转移丢失，它就真的消失了，唯一可能的恢复方法就是重新记忆。

当信息过载时，工作记忆就会失灵。如果我们试图储存和操纵太多的信息，例如，心算 6942 乘以 3867，我们很快就会耗尽大脑空间（Gathercole & Alloway，2008a）。在 20 世纪 50 年代，哈佛大学心理学家乔治·米勒（George Miller，1956）发现，大多数成年人一次可以记住大约 7 条信息，然后便会感到困惑或容易遗忘。正是他对这个“神奇数字”的研究导致了 7 位数电话号码的诞生。自那以后，对儿童和成人的工作记忆广度的研究大量出现。2 岁的孩子通常能记住两个不相关的信息，但随着他们对世界理解的加深（即他们可以从发生的事件中建构意义），他们的工作记忆也会得到加强。例如，对于一个 5 岁的孩子而言，字母 F、B、I 会被存储为三个独立的单元，但是，一个 10 岁的孩子可能会知道一些关于政府机构的事情，能够将 FBI 作为一个信息储存起来（Reeder et al.，2008）。

工作记忆与学习

科学家通过让孩子在完成一项记忆任务的同时关注其他事情来评估工作

记忆。例如，让孩子们听一系列的句子，判断每个句子是正确还是错误，然后再要求他们记住每个句子的最后一个单词（Daneman & Carpenter，1980）。这项研究表明，任何一个年龄段儿童的工作记忆能力都有很大的差异。在一个学生年龄为 7—8 岁的班级里，30 名学生中可能会有两三名学生只有 4 岁孩子的工作记忆能力，而另外两三名学生则具备与成年人相近的工作记忆能力（Gathercole & Alloway，2008b）。工作记忆困难在童年时期并不少见，并且会对孩子的学习产生负面影响。那些工作记忆能力差的孩子通常很难记住和听从指示，经常无法完成作业，在小组任务中表现很害羞，在数学和阅读方面的能力也低于平均水平（Gathercole & Alloway，2008b），这些孩子往往也不会主动地去追赶上班上的其他同学。

事实上，在工作记忆测试中表现差的孩子，在其他学术领域比如读写（Gathercole & Pickering，2000；Swanson，Ashbaker，& Lee，1996）和数学（Geary，Hoard，Byrd-Craven，& DeSoto，2004）方面表现也不佳。在一项研究中，来自英国的研究人员调查了工作记忆与全国课程评估测试之间的关系，每年一年级、五年级和八年级的学生都会参加该测试。随着学生英语、数学和科学成绩的提高，工作记忆的分数也得到提高（Gathercole，Pickering，Knight，& Stegmann，2003）。进一步的研究表明，儿童在幼儿园和小学一年级的工作记忆分数能够预测他们三年后的学业情况（Alloway，Gathercole，Adams，& Willis，2005；Gathercole，Brown，& Pickering，2003）。换句话说，一个孩子在工作记忆任务上越熟练，他在学校里的表现就越好。

工作记忆较差的孩子经常被误认为是注意力有问题。在教师看来，这些孩子经常做白日梦，或者对教师的指令是“左耳进右耳出”。因为他们会忘记完成手头任务所需要的信息（比如，他们试图遵从的一些指令，或者试图去写下来的句子），因此，工作记忆困难的儿童无法坚持和完成他们的作业（Gathercole，Durling，Evans，Jeffcock，& Stone，2008）。一项对儿童的重要观察研究发现，写作是对记忆力不佳的孩子来说最大的障碍之一（Gathercole，Lamont，& Alloway，2006）。孩子们经常犯错误，比如，跳过或重复字母和单词，这表明他们忘记了字母或单词的位置。当一个孩子由于分心或超负荷而失去了工作记忆中的信息时，工作记忆就无法恢复，该孩子必须重新获取信息。由于害怕尴尬，他可能会选择猜测或干脆放弃，这样，工作记忆问题就会导致他错过学习机会并耽误学习。

小贴士

- 工作记忆是大脑处理信息的临时存储系统。
- 越是擅长工作记忆的儿童，他们的学习成绩越好。
- 有工作记忆缺陷的儿童经常被误认为是注意力出现了问题。

利用工作记忆增强学生的课堂记忆

➢ 减少工作记忆量

在设置课堂教学内容时要避免工作记忆过载。对于理解孩子在课堂上的工作记忆，英国发展科学家苏珊·盖瑟科尔（Susan Gathercole）和特雷西·阿洛维（Tracy Alloway）（2008a，2008b）建议通过减少所需记忆的材料内容的数量，同时增加信息的意义来降低对孩子工作记忆的预期。此外，她们还建议简化材料的语言结构；重复重要的信息，比如，一般的课堂规则和具体的任务说明；将复杂的任务分解为独立的步骤；以及在课堂上提供一些外部记忆辅助，比如，数轴和有用的拼写。

不要把减轻学生记忆负担的重任落到你一个人身上。你可以让学生去分担一些责任，将复杂的指示分解成可操作的步骤。你可以依据古老的西非传统，每周分配一名学生作为班级的格里奥（griot）。在传统社会中，格里奥是记忆的记录者。他负责记录故事，记录口述历史，并向村民报告。在班级中，你的格里奥可以负责提醒班上学生日常工作、任务指示和作业截止日期。他可以制定出每日的日程安排，记录下事情发生的过程，并联系当下的情境。你可以问问格里奥本周的一些教学情况，比如“在进行安静阅读之前，我们是否有什么内容需要记忆”。被指定的学生将会很开心地去记录一些细节，会因为能够领导其他同学而感到自豪。而班上的其他学生也会从提醒中受益，比如老师的教学指令会放慢，他们会对自己的活动参与情况进行反思。

➢ **将工作记忆训练纳入到你的日常教学中**

工作记忆训练可以提高学生在各种课程和任务上的表现。智能手机和其他省时装置的出现，让心算以及记忆名字、日期和电话号码等技能逐渐消失。不幸的是，记忆更像是一块肌肉而不是一个存储器，它需要进行不断的练习。研究表明，工作记忆“锻炼”不仅仅有利于与记忆明显相关的任务，工作记忆技能还能被运用到包括阅读、写作、数学和科学等在内的各个领域（Gathercole，Pickering，Knight，& Stegmann，2003）。

通过工作记忆接力赛将体育锻炼与脑力锻炼相结合。首先，列出每个学生的名字，并给每个人一个单词，如果这些单词没有相关性则会更具挑战性。接下来，给每个学生一张纸条，上面写有他的单词。根据学生的水平，你可以使用更复杂的词汇，或者混合一些说话内容。就像任何接力赛一样，学生需要被分成两队。但与传统接力赛不同的是，在这个接力赛中，选手们并不用传递接力棒，而是传递单词。当第一个学生跑到第二个学生的位置时，他需要贴在第二个学生的耳边悄悄告诉他单词是什么。听到单词的学生会有两个单词，他接着跑到第三个学生的位置，把这两个单词传递给第三个学生，第三格学生就需要记住三个不相关的单词。要想赢得比赛，最后一个跑步的学生必须要能够按照正确的顺序列出所有单词。

而对于年幼的孩子来说，可以试试雪人记忆游戏。让孩子们带来他们的冬帽、耳套、围巾、手套和靴子（如果是在冬天，孩子的父母应该已经给他们准备了这些东西），并指定一个孩子做雪人。所有其他的孩子都要闭上眼睛，做雪人的这个孩子要选择他要穿戴的东西。穿戴好之后，让班上的其他孩子睁开眼睛观察“雪人”30秒，然后再次闭上眼睛。这时，“雪人”需要换掉身上的一件物品，然后让其他孩子指出发生了什么变化。经过几轮练习之后，孩子们学会了仔细地留意每一个细节，并找到一些策略来发现区别（PreschoolPlanner101，2007）。

记忆助推器2：剧本、图式与故事

为了带3岁的女儿莉去迪斯尼世界玩，达伦和金用几个月的时间积攒了假期。他们精心计划了每一天的行程，这样他们就能体验到每一个主题公园里的游乐设施、游行和烟火表演，白天还有足够的时间休息，在酒店的游泳池里放松放松。当莉回到幼儿园后，斯隆老师问她的家庭度假玩得如何，她兴高采烈地讲述了从上机场大巴到从机场回来的整个过程。

记忆不是实体，而是一个行为（Fivush，2000），也就是说，我们的记忆是鲜活的。与视频录像不同，每次我们唤醒记忆，记忆都会更新新的信息来源（Courage & Cowan，2009），这也是我们的记忆会不准确的原因。儿童尤其容易混淆事情，因此，在法庭上往往会被认为是不可靠的目击证人（Ceci，Loftus，Leichtman，& Bruck，1994；Deese，1959；Roediger & McDermott，1995）。那么，记忆和理解一个事件的能力到底是如何发展的呢？

剧本

记忆与生存息息相关。借助记忆这一机制，孩子们可以通过计算过去事件发生的概率来预测即将发生的事情（Nelson，1996）。为了理解和预测他们所处的世界，年幼的孩子会以剧本的形式形成惯例，比如，他们会先留意事情在特定情境下（比如，在杂货店或瞌睡之前）是如何发展的（Fivush，1994；Nelson，1993，1996）。对孩子的大脑来说，像“当我们做这件事时，我们总是会这样做”这种说话方式更容易被他们理解。事实上，研究表明，年幼的孩子无法记忆那些不连贯的剧本信息。在一项研究中，当典型的事件顺序发生颠倒时（比如，先吹灭蛋糕蜡烛，然后再唱“生日快乐”歌），孩子们仍然会按照事件应该发生的顺序来记忆（Hudson & Nelson，1986）。

对年幼的孩子来说，当一个特定的顺序和步骤刚好是“我们通常会采取的顺序和步骤”时，加入这一文化和社区就需要去留意、记忆并遵守一些精确的规则。例如，当我和蹒跚学步的儿子一起玩时，他会在他的剧本里给我设计台词。当他尝试把东西拆开，然后又重新组合在一起时，我不得不时常提醒他有些东西被拆开后不可以再重新组合到一起。因此，当他决定将球从波板球（paddle ball）球拍上剪下来时，他手里拿着剪刀说道“我要把球剪掉”，然后又模仿我的声音回答说“这样我们以后就无法玩波板球了！”。

图式

剧本会在孩子的大脑中整合成更庞大的认知结构，这一结构被称为图式。图式是一个具有规则的组织工具，借助这个工具，孩子们能够进行记忆并在新的情况中做出推断（Reeder，Martin，& Turner，2008）。使用图式有助于简化记忆工作，与孩子的已有图式不一致的信息通常不会被记住或会被曲解。对 40 多个发展科学记忆研究的回顾发现，孩子们在记忆与已有图式相一致的信息时的表现，比记忆与已有图式不相符的信息时的表现要好得多。他们也会去做一些改变，使要记忆的信息与自己的已有图式相匹配，比如，在记忆女性医护人员时会联想到护士（Signorella，Bigler，& Liben，1993）。

记忆是一种社会互动行为

父母和教师在孩子的记忆发展中扮演着重要的角色。在成人的指导下，孩子们学会用语言将他们的经历描述成故事（Bjorklund，2005）。例如，一年级的老师可能会问，“我们在动物园看到了什么？”或者“我们和谁一起去的动物园？”，这些问题让孩子们知道在描述一次野外旅行时需要注意什么：一起去野外旅行的同伴、内容、时间以及地点。如果没有这些提示或指导，孩子们可能无法准确地回忆起具体的内容。年幼的孩子比成年人更容易去关注事件的不同方面，因为年幼的孩子并不一定知道什么是重要的事情，什么是微不足道的事情。拿莉来说，迪斯尼世界之旅最令她难忘的部分是去机场的旅途，这让她的父母很气馁（“我们只要花 20 美元坐车去机场就好了，这也会让她很高兴！”莉的妈妈叹息道）。

父母和教师往往会在孩子记不住的时候提供正确的答案，告诉他们对话应该如何进行。他们会问重复的问题，并向孩子展示记忆是如何完成的。从发展的角度来看，成人与儿童间的日常互动可以让他们分享更多过去的事情（Fivush，2000）。发展科学家罗宾·菲伍什（Robin Fivush）的研究表明，学龄前儿童每次回忆起一个事件时，所回忆的信息都不相同。在一项研究中，孩子们被问及他们过去的一个特殊事件，事件的内容由他们的母亲来决定，比如，去马戏团或坐飞机去探望祖父母，然后在六个月、一年、一年半之后，这些孩子被问及同样的事情，每一次他们所谈论的几乎是完全全新的信息（Fivush，1994；Fivush，Hammond，Harsch，Singer，& Wolf，1991；Fivush & Shukat，1995）。也许孩子们对当前的谈话环境做了直接反应，不同的谈话对象也会引出不同的内容，换句话说，与不同的人回忆事情，其回忆的目的也是不同的。事实上，孩子们的经历的确是在当时被重新创造出来的，即孩子们会实时重建他们的经历。

研究表明，孩子们越多地谈论他们所经历的事情，他们就越能记住。在一项研究中，实验人员记录了母亲询问孩子过去事件的次数，然后测试他们对这些事件的记忆情况。那些被母亲问了更多问题的孩子，在当时和在一年后都对事件有更好的记忆（Ratner，1984）。在另一项研究中，那些在讲述事件时详细描述的母亲，她们的孩子对过去的事件有着更好的记忆（Reese，Haden，& Fivush，1993）。发展科学家凯瑟琳·黑登（Catherine Haden）和她的同事（2001）为一群母亲和她们的学龄前孩子创造了一些假想活动，供他们在家庭亲子时间互动。例如，在野营活动中，孩子和父母会装满背包，徒步到模拟的池塘钓鱼，搭建营地，做饭和吃晚饭。然后，分别在一天和三周后对孩子们对这些活动的记忆进行测试。结果显示，孩子们最能记住的是那些一起行动以及一起讨论的事情。如果母亲和孩子最初一起行动，但只有母亲在事后谈论这件事，孩子的记忆就没有那么可靠。同样，如果只有母亲参与了某件事，那么就算一起讨论这一问题也不能巩固孩子的记忆（Haden，Ornstein，Eckerman，& Didow，2001）。

记忆和其他形式的知识一样，会在社会互动中出现，而理解和展示我们的个人经历是所有其他知识增长的基础（Fivush，2000）。

小贴士

- 每次儿童在唤醒记忆时，记忆都会因新的信息而得到更新。
- 剧本和图式可以帮助儿童知道该如何表现，以及理解和预测他们所处的世界。
- 父母和教师会告诉儿童需要记住哪些重要的信息。
- 儿童越多地谈论某件事情，他们就越能记住。

利用剧本、图式与故事增强学生的课堂记忆

➢ 在戏剧表演中使用剧本与图式

戏剧表演可以为学生提供一个绝佳的机会去尝试不同的场景，并且能增强学生的安全感和信心。它能让学生在与他人的相处中培养自我意识，让

他们可以计划和评估情境和事件，并发展创造力和解决问题的能力（Piaget，1962）。此外，年幼的孩子本身就喜欢尝试角色和创造情境。

尝试使用角色扮演来帮助学生理解和抵抗同伴压力。将班上学生分成不同小组，给每个小组一个特定场景去表演。这些场景应包括角色、背景和行为。例如，可以以下面的方式去表演一个拒绝的场景：一群孩子站在一起讨论他们最喜欢的篮球队，然后，他们叫来学校里新转来的一个男孩，问他最喜欢的球队。当这个新来的男孩回答另一个城市的球队时，所有的孩子都嘲笑着离开了他。其中一个男孩大声说道："我猜你这个星期天不会参加我们球队的聚会了。"［"酷点"（"The Cool Spot"），美国国家酒精滥用与酒精中毒研究所，第 4 页］

一个小组表演结束后，全班学生一起回忆表演中所展示的同伴压力的类型（比如，拒绝、贬低、质疑），表演者有没有将压力表达出来，表演者的其他情绪有没有被唤起（比如，冷静、傲慢、恐惧、尴尬、困惑、愤怒、孤独、愚蠢）。然后带领班上学生一起讨论他们曾给他人带来过哪些同伴压力以及从他人那里感受过哪些同伴压力。最后，让班上学生在接下来的几周去观察真实世界中同伴压力的形式和后果，并进行汇报（"酷点"，美国国家酒精滥用与酒精中毒研究所，第 8 页）。

➢ 为学生准备即将到来的活动

剧本和图式有助于学生认识这个世界，并让他们理解世界的不确定性，同样还能帮助他们组织自己的记忆，并通常会构成他们的记忆。通过在课堂上使用剧本，你可以为学生提供一种机制来理解和预测将要发生的事情，与此同时促进记忆。在一段学习经历开始之前，给学生提供一系列的指导问题，可以让他们明白你所希望的学习成果，并向他们展示如何概念化和记住新的信息。

将你下次的野外旅行作为回忆的一次经历。例如，如果你打算和一群三到六年级的学生一起去水族馆，那就为你的学生在那里安排一个寻宝游戏。你可以让学生“找出 3 种不是鱼的水生动物”或“列出 5 种以其他鱼为食物的鱼的拉丁名字”。学生可以通过把这些东西写下来、画出来或者用拍立得相机拍出来进行信息收集。这将为学生提供一些方式来展示他们的经历。

让学生站好，认真地花上 5 分钟观察某一种类的鱼（一旁会有陪护人或朋友给他们计时）。在这段时间里，他们需要写下他们能想到的任何细节，用他们所有的感官记录下这段经历。更有创造力的做法是让他们记住他们喜欢的东西，一些紫色的东西，或者一些小的东西，让他们去留意这些动物所在的空间环境或者其他参观水族馆的人。鼓励学生回想那天他们所记得的和鱼没有任何关系的事情，或者是他们离开水族馆后的一段记忆。这些观察和记录可以回去后在课堂上被制作成多种形式的记忆书。

如果全班学生都有机会体验同样的事件（比如，观看海豚表演或鲨鱼喂养），那么你可以让每个学生在回到学校后尽可能详细地把他们的经历描写成一个故事，然后让他们大声朗读出自己的故事，并留意他们的记忆有哪些不同。

➢ 鼓励学生拓展他们的已有图式，避免刻板印象

对于年幼的孩子来说，图式是帮助他们理解和预测这个世界的重要工具，然而，讽刺的是，图式也是刻板印象和偏见的根源。研究表明，孩子们会注意并记住那些支持他们已有图式的例子，并忽略或忘记那些与他们已有的图式不相符的例子（Hudson，1988）。我们必须要让孩子们知道如何以一种有用的方式去运用他们头脑中已有的认知结构，并避免对人和事产生偏见。有关图式泛化的一个经典案例是对性别角色的刻板印象，而在课堂上提出不同的性别观点是帮助孩子拓展他们已有图式的一个好方法。

向学生介绍在蓝调音乐史上男人和女人所扮演的非传统角色。通过听一些歌曲，比如，马迪·沃特斯（Muddy Water）的《大男孩》（*Mannish Boy*）、B. B. 金（B. B. King）的《三点钟的蓝调》（*Three O'Clock Blues*）、谢默科·科普兰（Shemekia Copeland）的《另一个女人》（*The Other Woman*），来切入到对男女性别刻板印象的讨论。贝西·史密斯（Bessie Smith）的歌曲《迷失蓝调》（*Lost Your Head Blues*）突出了对传统女性角色的另一种认识，学习她的传记也可以引发富有成效的讨论（她是第一位主要录制唱片的蓝调歌手，是当时歌坛的一名巨星，同时她身上也具备很多典型的男性特征）。

乐器通常也会被贴上标签，人们理所当然地认为有些乐器适合男性，有些乐器适合女性。可以让班上学生开展头脑风暴，想出一些男性通常会玩的乐器以及女性通常会玩的乐器，并将它们写到黑板上（学生的答案很可能会是，男性通常会玩小号、鼓、吉他，女性通常会玩钢琴、长笛或者学习唱歌），问问班上学生为什么会给这些乐器贴上这样的标签，他们在得出这些结论时是否考虑了这些乐器的声音、形状或者重量。然后，通过播放电影片段，向学生展示一些例外情况。比如，电影《在恶魔的火旁取暖》（*Warming by the Devil's Fire*）中孟菲斯·明妮（Memphis Minnie）和萝塞塔·撒普（Rosetta Tharpe）演奏电吉他的镜头，电影《红，白，蓝调》（*Red, White and Blues*）中讨论萝塞塔和她的吉他表演的镜头（Blues Classroom，2003）。接下来，可以将讨论引入到当今的一些女性吉他手。鼓励学生在杂志和网站上搜索一些打破刻板印象的男性音乐家和女性音乐家的代表人物，并向班上同学展示他们新建立的图式。

➢ 把讲故事作为保存和创建记忆的一种方式

因为记忆是实时构建的，因此所发生的事件就变成了我们的记忆。学习的核心是理解和展示我们的个人经历，所有其他的知识都源于此（Fivush，2000）。与孩子们一起回忆并不是简单地回顾一个客观的事件或经历，相反，当我们在讲述过去的事件时，我们会选择强调什么，告诉孩子应如何解释这些以及其他经历。在某种程度上，所有的记忆都是在讲故事，无论这个讲故事的对象是我们自己还是其他人。

人类在讲故事方面有着悠久的历史，它曾经是整个社区的活动，从孩童到年长者都可以参与进来。印第安人通过讲故事来迎接季节的变化、哀悼以及庆祝。讲故事这一传统包括了分享记忆以及从这些记忆事件中提炼意义。随着一代代的延续，这些故事变成了经典，永远不会过时，并在不断地重复讲述中，产生了一些新的见解。

让班上学生重新回顾或展示他们早期生活中的一段记忆。小说家兼漫画家琳达·巴里（Lynda Barry，2008）曾说过，我们可以通过一些生活场景来唤起记忆。在一次创意写作课上，她要求学生列出一份在他们早期生活中所出现的 10 辆汽车的名单（比如，雷蒙德叔叔的旅行车），并选择一个生动的汽车形象，在脑海中进行描绘。然后，她问了一系列问题，帮助学生静下心来去回忆故事中的场景。这些问题包括："你当时在哪里？""你在做什么？""你是在车里还是在车外？""当时还有谁？""你前面有什么？""你左边有什么？""你脚下有什么？"（Barry，2008，pp.144—147）。最后，巴里要求学生沉浸在对当时场景的回忆中，并给他们 7 分钟的时间将当时的故事写出来。类似于这样的提示可以帮助学生将他们的记忆作为故事来加以组织，有助于他们理解和分享。

记忆助推器 3：记忆策略

露辛达咬着铅笔头，努力地回想着前一天晚上学过的东西。她盯着数学试卷上的第一个问题，突然，她想起了安德鲁先生在课上提到的解题技巧——"请原谅我亲爱的萨莉阿姨"（**P**lease **E**xcuse **M**y **D**ear **A**unt

Sally)。她很细心地从括号(parentheses)里的内容开始算起,然后计算出指数(exponents),接着再计算乘法(multiplication)和除法(division),最后再做加法(addition)和减法(subtraction)。顺利地解决了第一道题目之后,剩下的题目对她来说就变得非常简单了。

记忆策略是我们为提高记忆任务表现而刻意所做的努力。研究儿童记忆策略有助于我们了解认知发展的一个关键问题,即儿童如何控制自己的学习(Schwenck, Bjorklund, & Schneider, 2009)。通过实践所获得的目标导向行为对所有年龄段儿童的记忆表现都有巨大的积极影响,学校中的许多任务只有通过使用记忆策略才能有效地完成(Bjorklund, Dukes, & Brown, 2009)。

在整个童年时期,儿童使用的记忆策略的数量不断增加,使用这些策略的效率也有所提高(Bjorklund et al., 2009)。通过有效地组合而同时使用多种策略的儿童,似乎更能有效地记忆(Schneider, Kron-Sperl, & Hünnerkopf, 2009)。蹒跚学步的幼儿和学龄前儿童会自发地使用一些简单的记忆策略,比如经常地看看或者谈论他们想要记住的东西(DeLoache, Cassidy, & Brown, 1985; Wellman, Ritter, & Flavell, 1975),年龄大一点的儿童能够更有效地使用复述策略。在一项研究中,研究人员对一群幼儿园孩子和五年级孩子的口头复述能力进行了比较,在孩子们对随后会被要求回忆的内容进行记忆的过程中,训练有素的唇读者在一旁观察。结果发现,85% 的五年级孩子在记忆的过程中会自发地使用一些复述策略,而只有 10% 的幼儿园孩子会这样做(Flavell, Beach, & Chinsky, 1966)。使用复述策略的孩子表现得更好,即使他们是在他人的提醒之后开始使用这一策略的。

促进学习的一个关键的记忆策略是组织策略。将物体按照有意义的类别或集群进行分类,可以让孩子更好地记住大量物体,即使这些物体是随机出现的(Bjorklund et al., 2009)。自发分类这一技能在整个童年时期不断提升,并会影响人一生的记忆力(Bower, 1970)。在一项经典的研究中,研究人员给一组一年级孩子 16 张卡片,每张卡片上面都有图片,图片中的物体包含了以下几个分类：动物、衣服、工具和玩具。研究人员将卡片展示给孩子们看，给每张卡片取了一个名字，并告诉孩子们每张卡片上的物体属于哪个类别，随后将它们随机地放在孩子们面前的桌子上。然后，孩子们被告知，他们需要记住这些图片，并可以以任何他们想用的方式来加以组织。结果是，只有 27% 的孩子按照类别对这些卡片进行了排列（Salatas & Flavell，1976）。通过这一研究可以发现，要让孩子们明白，组织策略将会深刻地影响他们的记忆能力。

精加工（elabration）是另一个非常有效的记忆策略。在使用精加工策略时，可使用图像或文字来表示一个需要记忆的概念。当我试图弄清楚日期的时候，我仍然会通过押韵小诗“每个月有 30 天的月份是 9 月、4 月、6 月、11 月……”来帮助自己记忆。就像其他的记忆策略一样，精加工策略也需要通过学习习得。在青春期之前，孩子们并不会自发地进行精加工（Pressley & Levin，1977），成年人通常也需要经过指导与学习才能掌握这一策略（Pressley & Hilden，2006）。精加工不仅有助于记忆，还有助于理解和记住复杂的观点。从文本段落中识别、强调和归纳概念的过程是一种精加工过程。然而，不幸的是，最近的一项研究表明，文本精加工技能在如今的学校教学中并没有得到有效的教授（Pressley，Wharton-McDonald，Mistretta-Hampston，& Echevarria，1998）。

最后一个记忆策略与自我意识有关。整个小学阶段，孩子们在计划和使用记忆策略方面会变得更加熟练，对自己的记忆过程也越来越了解。元记忆技能，比如，知道自己的记忆内容和记忆过程，会给孩子带来卓越的记忆表现（Schneider & Lockl，2002）。在一项重要的研究中，研究人员让三年级孩子围绕所需记忆的物体编写一些有意义的句子，从而来学习精加工。一半的孩子得到了有关自身表现的元记忆反馈（例如，研究人员会告诉这些孩子，“当你造的句子越生动时，你在记忆这些图片上的表现也就越好”），得到反馈的孩子能够将该策略推广到其他任务中，而那些没有得到反馈的孩子却不具备这一能力（Ringel & Springer，1980）。出现这一结果的原因也许是孩子们对自身记忆过程的意识促进他们形成了自己的想法，并将想法与意义建立了联系，从而帮助他们更好地记住了这些想法。

教授与学习记忆策略

因为记忆策略的使用需要做出有意识的努力，孩子们必须有足够的动力才会加以使用。在一项有趣的实验中，一群七八岁的孩子被要求复述和记忆两组单词。第一组单词被称为“10美分词汇”，因为孩子们每答对一个单词就会得到一枚10美分的硬币；第二组单词被称为“1美分词汇”，孩子们每答对一个单词会得到一枚1美分的硬币。结果显示，孩子们回忆起10美分词汇的概率是回忆起1美分词汇的两倍（Kunzinger & Witryol，1984）。在另一个相关的研究中，4岁的孩子在完成一项记忆测试后可以得到一个奖励，其中一个奖励是一个很大的彩色蜡笔盒，另一个奖励是一支铅笔。因为想要得到彩色蜡笔盒，孩子们会投入更多的精力，并使用更复杂的记忆策略（O'Sullivan，1993）。当然了，当孩子对手头任务感兴趣时，不需要奖励来激发他的参与兴致，纯粹地出于兴趣而花更多的时间在记忆任务上也会导致更好的记忆表现（Renninger，Hidi，& Krapp，1992）。

对大多数孩子来说，学习使用记忆策略不是一个循序渐进的过程，而是与其他认知领域的进步相对应的一种突变过程（Bjorklund，Periss，& Causey，2009；DeMarie，Miller，Ferron，& Cunningham，2004；Schneider et al.，2009）。就像工作记忆技能一样，记忆策略的使用在任何一个年龄段的孩子中都有很大的差异。例如，在一个五年级班级中，我们可能会要求一部分学生只需学会学龄前儿童所使用的一些简单策略，而要求另一部分学生学会一些成人使用的复杂策略（Schneider et al.，2009）。了解一个学生记忆策略的复杂程度是预测该学生的记忆表现和课堂学习的关键因素（Schneider et al.，2009）。

记忆策略是可以教授的。当然，直接教授记忆策略可以提高学生完成记忆任务的表现，同时也能提高他们完成阅读和数学任务的表现（Palincsar & Brown，1984；Swing，Stoiber & Peterson，1988）。在一系列重要的研究中，一群发展科学家对小学课堂上记忆策略的教学进行了观察。他们研究了在策略使用过程中教师给予建议与指导的频率、关于策略有效性的反馈情况，以及教师是否会向学生解释如何将策略进行精加工或推广到其他情况中等一系列问题。教师会根据学生的年龄情况教授合适的策略：对于年龄较大些的学生，教师更倾向于给出合理的解释，并给出他们的记忆策略建议。比如，教师们会说，“这一策略对你的词汇量也有帮助”（Moely et al.，1992）。更重要的是，当教师提出策略建议时，他们会对学生在阅读理解和问题解决任务上的表现产生积极的影响（Moely et al.，1992）。在一项相关的研究中，研究人员发现，强调策略使用和元记忆技能的一年级教师（比如，他们会问学生“你是如何学习这些单词的？”或者告诉学生“如果你在脑海里勾勒一幅画面，它将有助于你记忆”），其班上的学生会更经常地使用记忆策略（Ornstein，Coffman，& McCall，2005）。简而言之，向学生解释并示范记忆策略的教师，其班上学生的学习效率更高（Moely et al.，1992）。

当孩子们在“学习”时，他们所做的就是尝试使用记忆策略来记忆这些信息。最常见的学习方法之一就是阅读材料。然而，最近的研究表明，阅读对记忆的影响比我们想象的要小。一些研究发现，在提高学习效果方面，考试前重读材料并不比第一次阅读材料起到的作用更有效（Callender & McDaniel，2009）。相反，有效的学习方法应该包含孩子的主动探索。例如，通过精加工将新信息与已知的信息建立联系，使之有意义并令人难忘。同样，当孩子们提问题及记笔记时，他们是在用自己的语言对新信息进行重新编码，并加强记忆。此外，将信息转化为生动的心理图像也能提高孩子的记忆力（McDaniel & Callender，2008）。

华盛顿大学认知科学家亨利·罗迪格（Henry Roediger）发现，反复检索是长期保存记忆的关键。在一项研究中，他让学生学习教科书中的一段小短文，然后将他们分成三组。第一组学生将这篇文章学习了三遍；第二组学生学习了两遍之后，进行了一个小测试；第三组学生在阅读了一遍之后进行了三次测试。一周之后，三组学生对所学的内容进行了一次最终测试。那些只学习了一遍但进行了三次测试的学生在最终测试中的表现最好，其次是那些学习了两遍并接受了一次测试的学生（Roediger，Agarwal，& McDaniel，出版中），而表现最糟糕的却是那些学习次数最多的学生！

如今的大量研究表明，对所学的新知识进行测试比不进行测试更有助于对新知识的掌握（Roediger & Karpicke，2006）。测试对记忆的影响似乎随着测试次数的增加而增加。测试是非常有效的学习工具，因为它们有助于练习反复检索，并帮助学生了解他们已经掌握以及没有掌握的内容（McDaniel，Agarwal，Huelser，McDermott，& Roediger，出版中）。自我检测是一个很棒的学习工具，应该鼓励学生在整个学习过程中进行自我检测。一个有效的自我检测方法叫作 PQ4R，即预习（Previewing）、提问（Questioning）、阅读（Reading）、反思（Reflecting）、背诵（Reciting）和复习（Reviewing）。通过我们对记忆的了解将能够帮助孩子们以最有效的方式进行学习。记忆策略是种强大的工具，在孩子们形成思维习惯的过程中逐渐发展，并在他们的整个学习过程中被加以使用。

小贴士

- 使用记忆策略能大大地提高记忆表现。
- 最有效的记忆策略是组织策略、精加工策略和自我意识。
- 儿童不会自发地使用记忆策略，必须要教授他们如何使用。
- 有效的学习应包括对信息的反复检索。

使用记忆策略增强学生的课堂记忆

➢ 经常评估学生的学习情况，并提供反馈以帮助他们了解自己的记忆过程

我们倾向于把测试看成衡量和评估学习的工具，但最近的研究表明，为考试做准备以及参加考试会影响学生对所学知识的长期记忆。需要学生回忆所学内容的测试（比如，简答、填空或者短文写作）比纯粹地识别信息（多项选择题）更能有效地增强记忆（Butler & Roediger，2007）。评估后的反馈是增强记忆的关键。例如，考试后复习正确的答案能大大地提高学生对课堂所学内容的记忆，尤其在教师解释了正确答案背后的原因时，更是如此，而只是将答案简单地告诉学生并且不做任何解释起不到这样的效果（Kang，McDermott，& Roediger，2007）。

在测验结束后设计一个反思环节。与其把考试作为一个课程结束的标志，不如把它作为元认知和元记忆的开始。在学生进行测验或测试之后，可以要求他们对照自己的书本和笔记，找出回答错误的问题的答案。然后，他们可以写一两句话来解释自己为什么会这样回答，或者什么原因导致他们忘记或误解了信息，并让他们去思考下次可以采取哪些更好或更有效的策略。你也可以为学生创建一个与其他同学合作的机会，让他们感受到自己不是在与他人竞争，而是处于一个更大的学习社区中。也可以让答对问题的学生分享他们学习或记忆的经验，比如，问问他们使用了什么图像或其他精加工策略，有哪些学习技巧可以与班上同学分享等。理解我们自己的记忆是增强记忆的第一步。

➢ 教授记忆策略

研究表明，复述、组织和精加工策略可以有效地加以传授，它们也会渗透到学习的其他领域。所谓记忆策略，是将不熟悉的东西与熟悉的东西建立联系（Evans，2007）。最好的记忆方法包括使用离合诗（诗句中每个单词的首字母与所需记忆的单词的首字母相一致）、首字母缩略词、押韵词或者双关语（Evans，2007）。我们中的很多人都是通过记住“HOMES”来记忆五大湖［休伦湖（Huron）、安大略湖（Ontario）、密歇根湖（Michigan）、伊利湖（Erie）、苏必利尔湖（Superior）］的名称的，以及通过音乐专辑《每个好男孩都该得到奶糖》（*Every Good Boy Deserves Fudge*）来学习音阶 EGBDF 的。作为教师，我们应该养成习惯去创建并向学生传播这些有用的记忆工具。

为新的课堂学习内容发明一个记忆方法，并教授给班上学生。这个记忆方法越离谱，学生越能够更好地记住（Evans，2007）。比如，在学习行星时，可以通过“My very eccentric mail-man just showed up naked”（我那非常古怪的邮递员刚刚光着身子出现了）来帮助学生记忆水星（Mercury）、金星（Venus）、地球（Earth）、火星（Mars）、木星（Jupiter）、土星（Saturn）、天王星（Uranus）、海王星（Neptune）的名称。

接下来，可以让学生以小组为单位想出一些记忆方法，并向全班同学介绍，这对于那些很难记住的名称尤其有用。例如，要求学生通过一首歌曲来记住地质年代的名称（寒武纪、奥陶纪、志留纪、泥盆纪、石炭纪、二叠纪、三叠纪、侏罗纪、白垩纪、古新世、始新世、渐新世、中新世、上新世、更新世和全新世），鼓励学生去创作。然后每个小组唱出自己的歌曲，全班进行投票，得票最高的小组向全班同学教授他们创作的歌曲。通过这种方式，学生不仅在测试时记得这首歌，他们在一生中都有可能会记得。

记忆助推器 4：知识与专业技能

埃里克将《星球大战》的 6 部电影全都看过了，并且每部电影都看了不止 10 次，他也将相关书籍读了好几遍，以至书页都开始脱落了。他不仅能说出一百多个人物的名字，而且还能理清行星和整个银河系的运作系统。他能以生动的声音叙述这些故事，甚至没有遗漏任何一个重要的细节。埃里克拥有这么好的记忆能力，然而在词汇测试中他总是得到 B 或 C 这样的成绩，他的父母很不明白其中的原因。

孩子们已知的东西会影响他们将要学习的东西。回忆和理解依赖连接，这一连接存在于大脑的神经元和头脑的想法中。这是因为学习新知识的一个关键要素是大脑对已经形成的神经通路的依赖，这些神经通路由学习者已有的知识塑造。当我们的感官系统接收到新的信息时，我们的大脑就会搜索现有的网络，以找到新信息所“适合”的位置。如果新信息与已有的概念相匹配，那么该信息就合乎情理或者对我们来说有意义。另一方面，当大脑中已有的概念无法与新信息建立联系时，大脑必须打造全新的网络来容纳这一信息（Wolfe，2006）。因此，就教学而言，最好的做法就是事先弄明白学生已经知道的知识，了解他们已有的神经通路。学生已有的知识有助于他们理解新的想法和概念，作为教师，我们的职责就是将新的技能和知识与学生已有的技能和知识建立联系。

在一项经典的研究中，来自华盛顿大学的约翰·布兰斯福德（John Bransford）和他的同事论证了知识对于记忆的好处。研究人员让学生阅读并记忆 10 个不相关的句子，比如，吉姆放风筝、比尔捡起了鸡蛋、杰夫造了一艘船。大多数学生只记得 10 个句子中的 2 ～ 3 句，但是，当这些句子包含了我们已知的一些信息（例如，本·富兰克林放风筝、复活节兔子捡起了鸡蛋、诺亚造了一艘船）时，学生很容易便记住了所有的句子，强大的记忆策略，比如精加工策略，在孩子们的认知结构中也得以建立（Bransford & Stein，1984）。此外，我们掌握的知识越多，我们就能越容易、有效地编码和记忆新信息，而卓越记忆的特征，比如，处理信息的速度和效率以及工作记忆的广度，都会受到我们已有知识的影响（Bjorklund，Dukes，& Brown，2009）。

一个人所拥有的知识不一定与实际年龄相对应，所以出现成人并不了解而孩子却很擅长这一情况是很常见的（Schneider，1997）。在一个案例研究中，研究人员向一个每周花大约 3 小时阅读有关恐龙的信息并玩恐龙模型玩具的 4 岁男孩介绍了一些新信息，这些信息有他所熟知的恐龙的信息以及他了解甚少的恐龙的信息。结果发现，他在记忆关于他所熟知的恐龙的新信息时的表现更好。有趣的是，一年后，与对他并不熟悉的恐龙的了解相比，他对那些原先就已熟知的恐龙的了解越来越多（Chi & Koeske，1983）。在另一项实验中，研究人员根据一群小学生对足球的知识和经验，将他们分为了两个小组：专家组和新手组，在两个小组内部，又通过智力测验将学生分成了高水平学生和低水平学生。然后，研究人员给孩子们读了一个有关足球的故事，并要求他们回答一些具有挑战性的问题，这些问题需要记住故事的细节，包括能够从文中得出推论，并指出文中的矛盾之处。结果发现，无论对哪个年龄段的孩子来说，他们在足球方面的专业知识比他们的智力水平更能够很好地预测他们回忆故事并发现错误的能力。一年后，孩子们再次接受测试，仍然得出了同样的结果（Schneider，1997）。在另一个经典的研究中，研究人员将大学生的记忆表现与经常玩国际象棋的 10 岁儿童的记忆表现进行比较。当被要求记忆一串数字时，大学生的表现优于 10 岁儿童，但被要求记忆象棋比赛的相关内容时，10 岁儿童的表现优于大学生（Chi，1978）。

为什么会发生这样的情况呢？首先，自然地学习有助于促进记忆表现，尤其是对于幼儿而言（Istomina，1975；Piaget & Inhelder，1973）。其次，专业知识和技能减少了信息处理过程中所需的工作量（Bransford et al.，2007）。当个别信息能够从长期记忆中快速检索时，孩子们便具有了更有效的记忆系统和更充足的精神资源（Bjorklund，Muir-Broaddus，& Schneider，1990）。再次，专家会注意到新手可能不会注意到的事情。具备专业知识的人能够通过将信息组织到他们头脑中的层次结构中，从而在新信息与已有认知之间建立更多的联系（Bransford，Derry，Berliner，Hammerness，& Beckett，2007）。

非凡记忆力

有些人不管在什么主题领域都能成为记忆专家，他们展现出了非凡的记忆力，这类人通常被称为“记忆大师”，他们似乎并没有接受任何特殊的记忆训练，而是天生如此（Neisser，1982）。例如，一位名叫拉詹·马哈德万（Rajan Mahadevan）的人能够通过将数字分成几块并与外界的线索联系在一起来

记忆和背诵常数 π 的前 31811 位。另一位著名的记忆大师亚历山大·艾特金（Alexander Aitkin）通过将新信息联系到他已经知道的事物上进行记忆。使用这种方法，在他人向他读了一连串三位数的数字（比如，397、212、958 等）后，他能从中记住 16 个，两天后，他仍能记住所有的数字，25 年后，他还能回忆起其中的 12 个。最著名的记忆大师可能要属 A.V. 舍雷舍夫斯基（A.V. Shereshevskii），苏联心理学家亚历山大·卢里亚（Alexander Luria）对他进行了长达 30 多年的研究。舍雷舍夫斯基不知道自己的记忆力如此不寻常，直到卢里亚开始研究他的记忆力，但无论在记忆广度还是记忆时长上，卢里亚都没能找到舍雷舍夫斯基在这两方面的记忆极限。在一个例子中，舍雷舍夫斯基在没有提示的情况下，能够回忆起 16 年前读给他听的 50 个随意的单词。他的记忆技巧包括了通过想象具体的视觉场景来代表信息。比如，他会将需要记忆的内容放到大脑中所熟悉的位置，然后在需要的时候能够很容易地联想到该信息（Thompson，2000）。

有关记忆的最新研究表明，普通人通过练习可以获得专业记忆技能。一项研究表明，仅仅通过练习，大学生便可以达到与记忆大师相匹敌的记忆技能水平（Higbee，1997）。如果能够结合自己的强项和兴趣形成适合自己的记忆方法，任何人都可以发展出非凡的记忆力（Ericsson，Krampe，& Tesch-Romer，1993）。

识记

识记是一种记忆练习，在课堂教学中有着悠久的历史。在 20 世纪 20 年代早期，美国的小学课程要求学生背诵莎士比亚、朗费罗（Longfellow）、迪金森（Dickenson）的作品，以及林肯的《葛底斯堡演说》。背诵我们文化中伟大诗人和思想家的经典语句可以追溯到希腊时期。基于语言可以启迪心智、塑造品德的这一认识，希腊时期的人们创立了自己的学习机构。当古代的学生识记荷马史诗时，他们既习得了语言也习得了文化，甚至连莎士比亚本人也是在这种倡导识记大量文学作品的文化中接受的教育（Wood，2003）。

从苏斯博士（Dr. Seuss）等人的作品中可以发现，孩子们喜欢诗歌的韵律和节奏，然后他们开始理解诗句的发音和文字（Beran，2004）。诗歌可以让孩子们了解诗句字里行间抽象的模式和关系，其旋律和韵律有助于婴儿和儿童理解它的发音。通过一系列重要的实验研究，卡戎（Karzon，1985）发现，只有在使用夸张、有旋律的方式朗读词汇时，1—4个月大的婴儿才能从无意义的词汇“malana”和“marana”中分辨出“la”和“ra”的发音。

诗歌背诵教会孩子们表达，它能让孩子们轻松地说、写、读。发展科学研究表明，儿童所掌握的词汇的复杂程度是预测其阅读理解水平的首要因素（Nagy，1988）。识记诗歌、韵文和歌曲有助于孩子成为“语言专家”。很显然，孩子们要想成为记忆高手，他们必须要磨炼自己的记忆能力，并尽可能多地加以使用。

小贴士

- 儿童的大脑会依赖已经形成的神经通路来理解新信息。
- 儿童对一门学科所掌握的知识或专业技能越多，他们就越能记住新的信息。
- 自然地学习最有助于记忆。
- 识记是一门“快消失的艺术”，可以帮助儿童记忆和发展其他认知技能。

利用知识与专业技能增强学生的课堂记忆

➢ 了解学生的专业技能，然后自下而上设计你的课程和作业

由于兴趣爱好和现实参与而催生的自然学习会给孩子们带来高水平的记忆表现。在进入课堂之前，孩子们就已拥有与学习有关的一些经历。在记忆方面，他们在很多事情上都是专家，但他们自身可能并没有意识到这一点。如果你的学生对足球或者恐龙感兴趣，你可以找到一些方法，将他们的课堂学习与这些专业知识联系起来。这样做能够加强和建立学生已有的神经网络，促进他们的记忆和理解。

尝试在学生擅长的领域设计一个记忆匹配游戏。可以使用照片或图画，创建几组卡片，每一组卡片中的两个图案要相协调。例如，你可以在一组卡片中贴上母亲和婴儿的图案，或者工具和工具所对应的材料（如锤子和钉子）的图案。对于年龄大些的孩子，你可以要求他们将单词与他们所说的语言相匹配，比如，用自己的语言说出拥有拉丁文名字的植物的名称，或者国际城市地标的名称。让孩子们从头到晚全程参与到该游戏中，描摹卡片并将它们剪下来贴上图案，然后参与游戏。

➢ 让学生锻炼他们的记忆，成为记忆高手

在柏拉图的一篇著名对话中，哲学家苏格拉底讲述了一个关于文字发明的故事。当埃及之神修斯（Theuth）向阿蒙（Ammon）展示他的文字时，阿蒙大为震惊。他对修斯说道："你的这个发现将会使学习者变得健忘，因为他们不会再去使用自己的记忆，而是过度地依赖这些外在的文字，不再用心去记忆……他们会听到很多的信息但什么都学不到；他们看上去无所不知，然而实际上什么都不懂。"（Plato，2008/360 BC，p. 69）在文字出现之前，人们通过歌曲和故事来将知识传授给下一代，语言的发音和结构、节奏和不断重复使得人们能够轻松记忆。当我们去记忆诗歌和散文时，我们能够从心底去感受它，这意味着我们能够将它记在内心深处，并感受到文字所带来的喜悦与快乐（Hollander，1996）。因此，请让班上学生多去使用他们的记忆，让他们体验了解一个事物的乐趣。

举办一次诗歌会，让班上学生变成充满激情的艺术家。作为一种非常流行的艺术形式，诗歌会融合了文学和表演，是让学生练习记忆的一种好方法。发源于嘻哈音乐和文化的诗歌会运动正逐渐成为培养儿童

和青少年的读写能力、创意写作、沟通技巧和自信的一种方式（Rubenstein，2009）。

要想在班上举办诗歌会，首先要帮助学生提出他们的想法，并将这些想法变成文字和韵律，然后指导他们站在同伴面前，用手势和语调来生动地表达自己的原创作品（Rubenstein，2009）。你可以举办一个关于创造性表达和创意风格的研讨会，也可以将该研讨会举办成一次更加公开的活动，比如，与其他班级一起组织或在社区中举办。你可以利用这个机会，让学生朗诵和记忆自己创作的诗歌，同时促进他们表达自身的情感，唤起他们自我表现的强烈欲望。学生创作的诗歌要能够使用丰富的词汇和形象化的语言，传达清晰的思想，并捕捉人的情感与经验。他们的表达应能够包含肢体动作和手势，以彰显他们的想法。诗歌会结束后，可以给学生一个机会，让他们谈谈与同伴一起展示个人作品的体验，鼓励他们记住自己的诗歌，并与身边的其他人分享。

第四章

理解儿童的认知与行动

认知即信息的转换，我们通常称之为思考。在许多方面，“认知”与“学习”被作为同义词加以使用。认知体现在生活的方方面面，比如，当你在想象或者幻想一件事、进行头脑风暴、讨论或回忆一次生日、因为一个笑话而哈哈大笑、在心里演练你将要采取的步骤，或者想想你要做的事情时，你都参与到了认知当中。当把学习按照过程进行划分时，首先是激发动机，其次是集中注意力，然后是获取信息或经验，最后一步就是认知。

在 20 世纪早期，有关大脑的科学研究只关注人的行为，直到行动、思想和情感都能够被加以观察时，才对它们展开研究。到了 20 世纪 60 年代，发展科学家和心理学家开始认为，所谓“头脑中不可知的黑匣子”是人类最有趣的部分。他们开始意识到，大脑可以通过一些创造性的工具和技术手段来进行实证研究。最终，认知革命诞生了。

从发展科学的角度理解认知与行动

人类认知的独特之处在于，我们不仅能从直接经验中学习，还能从那些代表或传达信息的文字、地图和图片等符号中学习（DeLoache，2000；Tomasello，1999）。无论我们是直接学习（通过感官经验）还是间接学习（通过代表其他事物的符号），我们总能描述我们所接触的信息，并从中构建意义。我们所有的通信和技术都能够被分解为可以阅读和计算的符号。当你读这句话的时候，你正在将被称为文字的这些弯弯曲曲的线条解码成它们所象征的发音，并将它们进行组合，映射到相应的意义上。

从婴儿时期开始，我们就必须适应并掌握大量的知识，包括一些随意的、不明显的社会信念体系和表征手段。婴儿和儿童从早期阶段开始就被各种各样的符号包围着。他们可以在数码相机、手机和互联网上看到自己和他们所爱的人的图像和视频；在托儿所里有很多玩具模型和毛绒玩具玩；在图画书和墙上能看到很多图画等。而要想理解并对这些符号做出正确的反应，比如，识别出照片中所熟悉的人，理解故事插图的含义，就需要使用到学龄前阶段便开始出现的复杂的认知技能。

当我蹒跚学步的儿子阅读他的图画书《小熊和他的朋友》（*Little Bear and Friends*）时，他总是会问为什么埃米莉（Emily）的妈妈和爸爸这么小（在插图中，小熊和埃米莉站在前面，埃米莉的父母站在河边的一条小道上）。有关儿童对地图的理解的研究表明，儿童在表征外部空间时也存在同样的问题。一系列的研究发现，低年级的学龄儿童总是会误读地图上使用的符号形式，他们无法将这些标记理解为现实中所对应的事物，而是直接理解成符号。例如，孩子们不认为路线图上的线条可以表示道路，因为它们太窄了不能开车或者道路实际上并不是红色的（Liben，1999），而孩子们需要一定的时间才能理解地图是代表实际地点和事物的一种符号。早期阶段的学校教育几乎完全致力于文字和算术符号系统的教学，这些常规的符号一般用来表示语言和数量。

从认知到行动

正如我们所看到的，学习的道路是复杂的，它需要我们充满学习动机、集中注意力、汲取新的信息或技能、记忆并进行一些脑力活动，学习过程的最后一步是将我们所经历的整合为行动。英国哲学家赫伯特·斯宾塞（Herbert Spencer）曾说过："教育的最高目标不是知识，而是行动。"换句话说，学习不仅存在于我们的大脑中，而且存在于整个生活中。如果我们将学习的目标看成是在现实生活中获取知识和实践，我们就必须去关注日常生活中的有关知识，考虑历史影响、社会交往、文化、环境、学习情境、学习背景，以及学习者的处境（Norman，1993）。

儿童通常会在正式学习和日常情境之间存在脱节，词汇学习就是一个很好的例子。在有关儿童如何学习词汇的开创性研究中，发展科学家乔治·米勒（George Miller）和帕特里夏·吉尔德（Patricia Gildea）（1987）对学校中教授词汇的方法（字典定义和一些典型的句子）与儿童在日常生活中学习词汇的方法进行了比较。结果发现，从孩子们学习语言开始，他们就在日常交流中学习新词汇。就在这周，当我的先生在解开我们卧室百叶窗的绳子时，他说了句“等一下，我还需要将绳子再松绑一些”。一旁的儿子阿列克谢听到后，自言自语地跟着说道“松绑”，第二天，他就能够恰当地使用了。孩子们学习语言的速度惊人并且很成功，从 18 个月大时开始，孩子们在没有明确指导的情况下每天最多能学 10 个新单词，一直到高中结束的这 16 年间，平均每个孩子学习词汇的速度是每年 5000 个单词（即每天学习 13 个新单词）。相比之下，我们通常采取的词汇教学方式，即通过抽象的定义和脱离语境的句子来学习单词在很大程度上是无效的，通过这种方式每年最多教 100 ～ 200 个单词。因为将抽象概念与真实情境脱离这一学习方法忽视了学习在我们的生活中自然发生这一事实，而理解能力是随着不断地在情境中加以使用而得到发展的，所有的知识都是活动及相关情境的产物（Brown，Collins，& Duguid，1989）。

参与一个新的体验、解决一个问题、参加一个案例研究或在实验室做一场实验，都能够创建新的神经通路，从而构建知识，而只是被动地尝试接受一些孤立的信息并不会形成认知（因为它只会使用到短期记忆）。如果无法让学生去亲身体验，那么下一个最好的办法就是与学生先前的经验建立联系，也就是，通过使用类比、隐喻和明喻的方法将新知识与学生已理解的知识联系起来，使之具有意义（Wolfe，2006）。

我们应该把课堂学习看作真实的经验，在课堂学习中，教师向学生传授一些日常问题的解决策略（比如，日常中的数学问题）。简单地了解某件事情远远不够，重要的是让学生知道在哪里可以找到信息，以及如何将其与更广泛的知识体系联系起来（Palincsar，1989）。为了实现这一目标，可以采取示范、指导、支架式教学、渐减提示法和谈话式教学等非常有效的教学方法（Hedegaard，2003a）。

认知与行动助推器 1：隐性学习

几乎整个夏天，卡门都是和祖母一起在花园中度过的。当祖母在除草或采摘当天园子里的果实时，卡门会在边上奔跑玩耍、堆小石块、玩水罐，经常把自己弄得全身湿透透的。在卡门很小的时候，祖母会唱歌给他听；当他长大后，祖母会给他讲她生活中发生的故事。多年后，在一次播种时，卡门的儿子问他："你是怎么学会这些的？"卡门仔细地去回想，但什么都回想不起来，似乎只要他清醒着，他就知道如何耕种、播种、除草和浇水。

有时候，我们在生活中无须费力，甚至在无意识的情况下就能学会很多东西。通过倾听、观察、实践和互动，学习就这样发生了。这种隐性学习是一种快速适应环境的方法，通过这一方法可以毫不费力地获取新的技能、信息和知识（Smith，1998）。这也是当我的学生被要求描述他们是如何解决问题或成功完成一项新任务时，他们通常很难去解释的原因。

无意识学习

我们的大脑不断地存储和处理新的信息，而我们却没有意识到。当你阅读一段文字时，你是否意识到你正在将一个个黑色的波浪线条解码成一个个字母，并将它们的发音映射成具有含义的单词？同样，当你在 18 个月大学习语言时，你是否有意识地每天学习和掌握 10 ～ 15 个新单词？无论在实验室还是在生活中，我们学习复杂的规则并严格加以遵守，但却不能够清楚地说出它们是什么并且也没有意识到自己正在学习这些规则。在一项经典的隐性学习实验中，研究人员向参与者展示了一串字母，并告诉参与者字母的顺序按一定规则进行排列。例如，序列 F-J-L-L-O-F-J 遵循以下一些规则：J 总是排在 F 后面；L 只能重复一次，第二个 L 后面要跟一个元音；F 跟在元音后面。尽管参与者并没有被告知规则是什么，但他们开始遵循这些规则。具体来说，参与者在预测正确的字母时反应更快，而对违反规则的字母反应更慢，即使他们声称自己是在猜测（Blakemore & Frith，2005）。神经科学研究已经证实，当参与者对隐含规则做出反应时，血液流动会集中到负责预期、运动控制和学习的大脑区域（Berns，Cohen，& Mintun，1997）。

在瑞典，儿童早期教育基于这样一种观点，当孩子们被允许通过行动来展示他们的内心生活时，他们会开始发展自己对世界的内在理解（Pramling，1998）。教师的角色往往不是规定的，而是可以通过带领孩子们参观、给他们讲故事、创造刺激的环境、问他们问题来帮助他们尽可能多地体验世界。新的经历可以引导行为和活动，使孩子们有能力进行新的思考。据此推测，孩子们往往是通过自己来创造知识的。发展科学家假设，隐性学习与刻意教学之间相互作用，当我们努力尝试时，那些我们无意中习得的东西也许可以加速和促进我们的学习，而隐性学习有助于将习得的技能运用到新的情境中（Sun，Merrill，& Peterson，2001；Sun，Slusarz，& Terry，2005）。如果我们能更好地理解自然发生的学习，我们的正式教学就会得到加强。而在我们的生活中，最普遍的隐性学习就是对工具、行为、仪式和文化习俗的模仿（Bransford et al.，2006）。

大多数情况下，我们在生活中学习和使用的技能、知识和智慧都不是直接教授的。旧观点认为，当我们传递信息时，学习就会发生，这一观点如今已被新的观点所取代。事实上，隐性学习可以帮助我们掌握人类技能中一些最复杂的技能，包括使用符号语言的能力、走路和说话的能力，以及通过许多微妙的线索在高度多样化的文化中沟通交流的能力。

小贴士

- 儿童的大多数学习是在无意识的情况下发生的。
- 儿童学习并遵循复杂的规则，但他们却没有意识到这一点。
- 经验对思考和学习很有帮助。

利用隐性学习提升学生的课堂认知与行动

➢ 给学生提供机会与他们认同的个人和团体建立关系

根据教育学者弗兰克·史密斯（Frank Smith，1998）的说法，所有持久性的学习都来自对在我们想要学习的内容上更有经验的人的认同。我们通过与身边人（我们认同的人）的互动进行学习，在互动中，我们会情不自禁地向他们学习，但是我们却没有意识到自己在学习。研究认为，学习是学习者与他人共同建构和重新建构的一个积极过程（Moyles，2005）。在课堂上，让学生与他人一起学习的一个很好的做法就是，基于学生的共同兴趣建立关系（形成学习或开放式活动的兴趣小组），你也可以帮助学生与当地学校的模范榜样，包括工作人员和年长的学生建立联系。

帮助学生从历史、艺术、体育或政治领域挑选一个人来研究他的优点和缺点。让学生去思考为什么选择这个人以及这个人所拥有的性格特征（或者对世界的影响或贡献），以及是什么样的特质使这个人在其所在领域脱颖而出。然后，将学生两两结对，让他们扮演自己所选择的角色，他们甚至可以打扮成所选角色的模样，以所选角色的身份和搭档进行交谈，并让他们去思考这两个角色是否相处融洽，他们可能会问对方什么问题，他们可能不喜欢对方的哪些方面。交谈过后，让每个学生给他们在练习过程中遇到的另一个角色写一封信，请他们诚实地回答是否愿意再次见面，并给出具体的原因（Vail，1994）。

➢ 根据学生的兴趣设计教学

学生一直都在持续不断地进行着隐性学习，对这种隐性学习的认可、理解和支持有助于他们达到你所期望的学习成果。这意味着，作为教师，你必须对他们感兴趣的东西保持积极的兴趣，即使你对这些东西并不感兴趣。当学生受到尊重并被视为有经验的学习者时，他们的自尊和自我效能感会得到增强，从而更好地参与学校生活。此外，如果学生认为某件事对他们的生活很重要，他们就会学习这件事。作为教师，我们的工作就是帮助学生了解对他们来说重要的新的知识、理解以及智慧。

首先，我们可以仔细观察班上的学生，了解他们目前的知识和技能水平。没有哪个人是空瓶子，每个学生都带着宝贵的想法、假设和经验来到课堂上，对他们来说，最好的学习方法就是建立在这些基础之上的。我们从神经科学的研究中得知，先前存在于学习者大脑中的神经元网络很容易得到加强，如果我们能确定这些网络的基础是什么，我们就能据此进行教学。例如，当学生在教室中看到一只游荡的蜘蛛而感到激动或恐惧时，可以借此展开以蜘蛛为主题的科学课教学，或者进行一个艺术项目，让学生学习用纱线编织网，或者还可以组织阅读活动，让学生阅读《夏洛的网》。

拓展学习！确定班上学生对哪些领域有所了解，从这些已有了解的领域入手展开教学。就像神经元通过树突分支建立连接一样，你班上的学生也渴望与外界接触并建立联系，从而增加他们知识的广度和密度（Vail，1994）。你可以通过一个拓展项目来进行天气的学习。大多数学生对天气模式都有丰富的了解，知道有些地方属于炎热、寒冷、热带或沙漠气候。你可以问问学生“构成一个地方天气的因素是什么”，并得到诸如云、太阳、湿度、降水、温度、风和季节性风暴等答案，这可以为学生探索不同气候的相似性和差异奠定基础。你可以将全班学生分成小组，每个小组负责探究一个大洲的气候情况，然后，在一系列问题上达成共识并探索世界各个地区的气候情况。你也可以融合数学（概率或测量）、地图制作、制图、神话、文学或诗歌的学习；你还可以鼓励个别小组成员进行独立调查；或者，如果整个班级都对某一地区感兴趣，可以将这个地区划分出来，从跨学科的角度来进行探讨。拓展学习可以让孩子们对所处的世界有所了解，并给予他们继续探索和学习的信心（Vail，1994）。

➢ **弱化成绩在学校教育目标中的地位**

孩子们很早就学会了老师们口中所说的“学校游戏”。一旦孩子们从自发地探索世界转变为取悦父母或老师，他们就失去了很多隐性学习的力量。19岁的玛利亚和我班上几乎所有的学生一样，清楚地记得从什么时候开始上学变成了一件苦差事。四年级的时候，她就为各种繁重的家庭作业和考试所累，会因为考试成绩而被贴上标签，并会因为情绪高昂而被老师责备，而没有玩耍和自由创造的时间。

作为教师，你能教给学生的最重要的一点就是不要依赖你的反馈。如果学生能够监控自己的表现，制订自己的目标，并对自身的反馈做出回应，他们就不再需要一些奖惩系统。过分地看重课堂活动的结果和外部奖励会给学生传达这样一个信息:“这个活动一点都不好玩，活动的目的不是为了让我们享受其中的乐趣。”例如，很多有音乐天赋的孩子由于家长或教师的逼迫学习，导致他们开始讨厌音乐。作为教师，我们的使命是让学生的学习时刻充满活力，而不仅仅是为了未来的成就（Csikszentmihalyi，1997a）。

照搬考试内容而设计的教学忽视了我们对隐性记忆的认识，即隐性记忆与我们的生活经验、内在动机以及所在学习社区有关，它还是获得各种复杂知识的一种有效方法。外部控制（比如，测试、成绩和竞争）植根于我们的教育体系中，但一个聪明的教师可以防止这些外部控制超越学生的内在努力。我们必须采取一些具体明确的措施，以确保课堂能够促进并支持学生正在进行的有趣而又复杂的学习。这些措施可以包括运用有创意的小组任务来衡量学习，使用叙述和自我评估工具来评估学习结果等。

让每个学生提出 20 种方法来衡量自身的学习和学业进步。当然，考试和小测验是一种方法，其他 19 种方法你可以让学生去想。教师兼作家普丽西拉·韦尔（Priscilla Vail，1994）曾经在书中描述了这样一位有进取心的六年级学生：他会将这一过程看作摆脱总是被要求做什么的一个机会，他会提出一些想法，比如，通过录音描述、作品展示、档案袋、戏剧表演、写一份报纸、让学生自己出考题等。你甚至可以更进一步，让全班投票决定在学完下一单元或课程时采取什么评价形式，或者，选择学生代表向“陪审团”的同学和教师提出论据，说明为什么某些评估方法对本单元的学习目标最有利。

认知与行动助推器 2：模仿

“别再模仿我了！”莫莉对妹妹埃尔茜吼道。埃尔茜整个上午都跟在姐姐莫莉后面，甚至试图模仿莫莉的新芭蕾舞步，而她太小了还做不好这些动作。“模仿是最伟大的恭维，”她们的母亲说道，以此来阻止争吵。那天剩下的时间，埃尔茜一直盯着莫莉，试图继续模仿姐姐。

模仿是儿童学习的一种非常有效的方式，并具有高度的适应性，它包括仔细观察和模仿他人的行为，而这并不是一件容易的事情。然而，从出生开始，婴儿就会模仿成年人的面部表情（Meltzoff & Moore，1977）。例如，对于我刚出生的女儿索尼娅来说，当她模仿我伸舌头时，她必须看到我的脸和舌头，然后将她看到的动作与相应的身体部位联系起来（当然，她无法看到自己的脸或舌头），她还必须理解并记住哪些肌肉运动控制了她的舌头，并实时地协调这些肌肉。

理解儿童为什么以及如何模仿他人的行为是理解他们学习的关键。人类在利用他人的技能和知识方面具有独特的能力（Tomasello，Kruger，& Ratner，1993）。婴儿并不是为了学习而模仿，他们模仿只是为了与他人交流分享并建立联系。换言之，与许多其他的认知技能一样，模仿对于无助的婴儿来讲首先是一种生存技能，他们最终在这一过程中学会学习。要想让自己融入到某一文化群体中，忠实地模仿他人是获取文化技能（无论这些文化技能有多随意）的需要（Carpenter & Nielsen，2008）。通过观察和模仿，孩子们很快就可以通过物体和工具、人际关系、相互理解和认同来了解预期行为的细节。接近 1 周岁时，婴儿能够对他人的社交提示进行复杂的感知［包括参与发展科学家所说的"参照三角形"（referential triangles），即分享与他人和事物互动的经历］。到了 2 岁时，蹒跚学步的孩子会更加有意识地通过模仿成年人开始学习一些功能性的、有趣的、具有象征意义的以及其他类型的行为（Carpenter，Nagell，& Tomasello，1998；Casler & Kelemen，2005；Gergely，Bekkering，& Király，2002；Meltzoff，1995a）。因为孩子们仅仅通过观察和模仿他人便能获得大量技能，因此了解他们的模仿行为对教师设计课堂教学非常有帮助。

年幼的孩子会模仿那些效率低下、无关紧要甚至是荒谬的行为，这会让你觉得跟一个 1 岁的孩子生活在一起很好玩，特别是当你有强烈的幽默感时更会这样觉得。当我们在家里将杯子和碗放到头顶、在能够发出回音的容器里制造出有趣的声音、在不同图案的表面发出砰的响声时，索尼娅就会认真地模仿，以了解我们所做的事情。有关模仿的研究表明，对孩子来说，分享经验比实现功能目标更重要（Carpenter，2006；Nielsen，2006），即使有更有效的方法，孩子还是会去模仿成人的一些技能。刚学会走路的孩子在看到他人为了某一目的而使用某种工具时，他们很快就能学会运用这一工具来达到相应的目的。尽管这些工具还有其他的功能，他们仍然只会使用该工具的某种功能，并且认为其他人也会这么做（Rakoczy，Warneken，& Tomasello，2009）。在模仿的过程中，婴儿和儿童首先会试图理解这个世界，了解事情是如何完成的，以及信任和模仿谁。换句话说，他们是在试图了解如何加入这一文化或社区，而模仿的第一步就是决定谁可以信任。

研究表明，当给孩子们机会选择是模仿有意的行为还是无意的行为（比如，当玩具亮时，表演者说了句“哎呀”或者“你瞧”）时，他们会选择模仿有意的行为。另一方面，当学龄前儿童观察到表演者无意中选择了完成任务的最佳工具（钉钉子的锤子），然后有意地拒绝了一个工具（不适合钉钉子的砖块）时，他们会忽略表演者刚才的行为，直接选择最合适的工具（Casler & Keleman，2005）。然而，当表演者赞美砖块的价值时，学龄前儿童会选择砖块而不是锤子。在这种情况下，促进儿童模仿行为的是儿童对表演者所建立的个人联系，而不是工具的设计或功能。2 岁的孩子认为，实现目标的最好方法是模仿表演者，因为他们除了有丰富的经验之外，还可能拥有自己所没有的信息。相反，4 岁的孩子会去寻找正确的问题解决方法。德国莱比锡市马克斯·普朗克进化人类学研究所的发展科学家们在进行相关实验时，向 2—3 岁的孩子演示如何玩一个简单的游戏。在演示过程中，实验人员演示了两种不同的动作，其中一个动作被解释为是游戏的一部分，另一个动作被称之为意外。结果发现，孩子们随后在玩该游戏时，他们只模仿那些被标为正确的动作，并批评那些做出意外动作的人（Rakoczy，2008；Rakoczy et al.，2009）。

寻找行为榜样

复杂的模仿形式包括了决定相信谁以及相信什么。在一组有趣的实验中，孩子们观看两位表演者贴标签，其中一位表演者在熟知的物体上贴上正确的标签，而另一位表演者则贴上错误的标签（例如，在鞋子上贴上“球”），然后，让孩子们从两位表演者中选择一位来帮助自己给新的物体贴标签。结果，所有的 4 岁孩子（以及部分 3 岁孩子）都愿意找那位“可靠”的表演者。接着，让孩子们看一个他们此前从未见过的物体，每位表演者分别给该物体贴上一个不熟悉的、毫不相干的标签。当被问到这个物体是什么时，4 岁的孩子更倾向于选择那个可靠的表演者所贴的标签（Clément，Koenig，&

Harris，2004；Harris，2007；Jaswal & Neely，2006；Koenig & Harris，2005a；Koenig，Clément，& Harris，2004；Pasquini，Corriveau，Koenig，& Harris，2007）。在类似的研究中，学龄前儿童表现出他们会信任和模仿那些有学识的、自信的、经验丰富的、自己熟知的（自己所在的日托中心看护人）行为榜样，而不是选择无知的、缺乏自信的、经验不足的和不太熟悉的（其他日托中心的看护人）行为榜样（Birch，Frampton，& Akmal，2006；Corriveau，Pasquini，& Harris，2006；Jaswal & Neely，2006；Koenig & Harris，2005b；Moore，Bryant，& Furrow，1989；Sabbagh & Baldwin，2001）。综合来看，这组实证研究表明，儿童的模仿学习具有社会性，推理和批判性思维的规则也源自社会环境。通过观察、评价和模仿，儿童能够在我们的复杂文化所具有的微妙有时又很随意的社会模式中学会接受他人的观点。

指导性模仿

看护人在日常生活中会帮助婴幼儿通过模仿来学习，通过将他们的注意力集中到正在进行的活动上从而扩展他们的行动能力。通常，家长和教师会通过活动孩子的身体来教他们如何做一个动作，当看护人以这样的方法锻炼婴儿或幼儿时，运动的韵律和节奏可以让他们获得一些关于自己身体能力的本体感受线索。看护人通常会参与身体运动指导的整个过程，鼓励孩子继续尝试该动作，并在一旁给予指导与调整，然后让孩子自己去做出某一动作或者与孩子一起做该动作，比如会对孩子说“现在，你来做一下”或者“我们一起来做一下”。通过这种言语支持和情感支持可以帮助孩子掌握新的技能。共同关注和辅助模仿是认知发展的标志之一（Zukow-Goldring & Arbib，2007），这些方法可以缩短儿童尝试以及犯错误所花费的时间，自然地提高学习效率。

视频的缺陷

大量的发展科学研究表明，教育类的电视节目并不是幼儿模仿学习的有效工具。鉴于在现实生活中模仿我们所观察到的事物是一个非常有用的学习方法，据此，婴幼儿教育电视节目和 DVD 制作者们认为，观看虚拟的视频也会有同样的效果。然而，孩子们在利用电视屏幕上显示的信息来处理诸如解决问题、学习新词、自我认知和学习模仿新技能等认知任务时，却遇到了麻烦（Barr & Hayne，1999；Deocampo & Hudson，2005；Hayne，Herbert，& Simcock，2003；Kremar，Grela，& Lin，2007；McCall，Parke，& Kavanaugh，1977；Povinelli，Landau，& Perilloux，1996；Schmitt & Anderson，2002；Skouteris，Spataro，& Lazaridis，2006；Suddendorf，1999；Suddendorf，Simcock，& Nielsen，2007；Troseth & DeLoache，1998；Zelazo，Sommerville，& Nichols，1999）。而同样的任务对于那些通过直接互动进行学习的孩子来说却非常容易。我们将这称为视频的缺陷。很多原因都证明了通过视频来学习这一方式从本质上讲，与我们的世界并不相符。首先，在与真人互动的过程中，孩子们可以不断地从这种共同体验中获得相关信息（Baldwin & Moses，1996）。然而，当孩子们想要互动或交流时，电视里的演员却不能做出回应，他们也无法分享孩子们的环境或经历。

信息的缺乏也是视频的一大缺陷。与三维空间可以让人感受到深度、纹理、移动、边缘及光线变化相比，视频图像实际上是扁平的。相关的研究也开始关注那些存在于我们身边并帮助我们理解这个世界的线索（可参见 Barr，2008；Barr & Hayne，1999；Barr，Muentener，Garcia，Fujimoto，& Chavez，2007）。对于感知能力仍处于发展阶段的幼儿来说，线索的缺乏对他们极其不利。例如，婴儿以及 12—30 个月大并刚学会走路的幼儿在看完电视里的人物做完某个简单的动作后进行模仿的次数比观看现场演示后进行模仿的次数明显少得多（Barr & Hayne，1999；Hayne et al.，2003）。很显然，情境学习才是更高质量的学习。

模仿或许是最有效的一种学习方法（Tomasello et al.，1993），这正是我们人类的独特之处，我们能够从经验丰富的他人身上汲取知识和技能，而儿童从出生开始就会利用这些信息。通过模仿，儿童能够与其他社会成员进行沟通和产生认同，并了解他们的心理状态，在出生后的几年里，他们也可以通过模仿做一些复杂的动作。模仿可以成为儿童课堂学习中强大而又不可或缺的组成部分。

小贴士

- 模仿是利用他人的技能和知识的一种有效方法。
- 儿童会主动寻找行为榜样来模仿和学习。
- 共同关注和辅助模仿可以加快学习速度。
- 电视不是模仿学习的有效媒介，现场体验更加有效。

通过模仿提升学生的课堂认知与行动

➢ 成为一个言行一致、可靠的学习榜样

学生需要可靠的对象进行模仿，而教师是学生最容易模仿的对象。作为教师，除了教给学生教学计划中的知识之外，你还可以向学生传授一些包括微妙的社会、文化规则的知识。事实上，学生会把你当作学习的榜样，如果你用热情和开放的心态来传授知识，并且接纳不同的观点和风格，你的学生在现实生活中也会这样去做。令学生印象最深刻、使学生受益最大的是那些喜欢自己所做的事情、热爱教学和学习并能传播热情的教师，而“尽情享受课堂”是成为这类教师的一个秘诀。有关变色龙效应的研究表明，对他人行为方式的感知会导致随后无意识的行为模仿。因此，请明确你对课程、作业以及学习目标的设想，让学生的模仿变得尽可能简单些。

以学生的身份去体验一下你所布置的作业和课堂活动。写首诗或设计一个艺术活动都是不错的选择，这不仅有趣，还可以提醒你去注意学生的观点以及你自己对学习的热爱。比如，在学习家族史的课堂上，通常做法都是让学生采访自己的家人，然后汇报他们在文化根源方面的发现。那么，作为教师，你为什么不采访一下自己的家人，也分享一下自己的发现呢？你可以在学生演示之前，示范一下你想讲的内容，或者你也可以和学生在同一天演示，体验一下大家一起探索知识的乐趣。当然，日常教学工作的忙碌使得教师往往没有时间安排和参与所有的活动项目，但是经常以指导者或参与者的身份体验一下，肯定会有令人耳目一新的感觉。

➢ **避免使用视频**

据估计，北美地区平均每个孩子每周看电视的时间超过 28 小时，与他们在学校学习的时间相当（Kaiser Family Foundation，2005）。尽管这些时间都花在了所谓的教育节目上，但发展科学的研究表明，孩子们未必能从中学到东西。因此，在这个复杂的三维世界中，你应该将课堂创建成充满丰富的感官和感知探索的场所。当你发现某个电影或视频有助于学生的学习时，只需展示一个片段，然后将其转移到其他更加积极的学习模式上去。同时，要鼓励学生利用课外时间与他人交流，融入他们的世界。

鼓励学生做一次“媒体斋戒”。你可以发起一个关于媒体、信息以及我们每天接触信息量的课堂讨论。可以向班上学生介绍一些最近的研究发现，比如，3 岁儿童能够识别数百种苏打水、快餐、糖果、饼干、性别刻板的玩具以及娱乐设备的商标和品牌（Derscheid，Kwon，& Fang，1996；Haynes，Burts，Dukes，& Cloud，1993；McAlister & Cornwell，2010），还可以讨论一下最近关于年轻女孩在阅读时尚杂志或使用社交网站数分钟后产生持久抑郁感的相关研究（Schurgin O'Keeffe，Clarke-Pearson，et al.，2011；Turner，Hamilton，Jacobs，Angood，& Dwyer，1997），然后让学生估算一下他们在处理信息上所花费的时间。正如博客作者利奥·巴伯塔（Leo Babauta）所写的，“我们正处于信息的洪流之中，但它只是不断地从我们身旁流过”。你可以给班上学生提出一个挑战任务，让他们禁用媒体一天，以便更清楚地了解自己每天使用媒体的情况。也许他们想在一天内禁用电视、互联网、数字光盘、收音机、电子游戏等所有媒体，或者在一周里每天禁用一种媒体。不管是哪种情况，让学生留意自己的媒体使用习惯是一个很好的做法。在禁用媒体的这段时间内，让学生制订自己想完成的目标，反思并记录下这段经历。经历过“媒体斋戒”的尝试之后，让学生在使用媒体之前多深思熟虑，多去重视一些真实、可触摸的经历而不是虚拟的体验，告诫学生改掉以往那些不良的媒体和信息使用习惯。

认知与行动助推器 3：情绪

梅茜讨厌数学课。上次林老师让她回答问题时，她答错了，结果在全班面前羞得满脸通红。现在，林老师又让她上讲台做一道分数题。梅茜紧张得开始冒汗，因为昨天晚上在做家庭作业时，她就有几道分数题没能算出来。她喜欢的男孩这时就坐在前排，正盯着她看。她无法将注意力集中到黑板上的数字上，思绪一片混乱，心跳也开始加速。但是，她深吸了一口气并鼓励自己，所有的朋友都说昨晚的家庭作业很难。于是，她努力放松下来，并想到昨天数学课上林老师教的如何对分数进行乘法运算。梅茜集中起注意力，开始做题。

思想和情绪以微妙而有力的方式相互协作，两者都是学习的基础。情绪可以为学习者组织、促进、增强或平静思考和推理提供能量，从而影响对知识的学习（Dodge，1993；LeDoux，1994）。我们人类可以迅速地感受和处理情绪，然后运用词汇、语境和推理加以解读，以便我们及时做出反应。情绪决定了我们是否会关注并记忆这些新信息，同时影响我们的动机、注意力和感知（Dweck，1999）。当学生的压力和恐惧减少，能够理解并使用一些有效的自我调节策略，以及拥有一个令人兴奋而又愉悦的学习环境时，他们的学习就会得到加强（Hinton，Miyamoto，& Della-Chiesa，2008）。因此，教师可以利用情绪的力量来给学生创造有趣的学习情境。

情绪的发展

婴儿能够很快地明白看护人的情绪，从 7 个月大时开始，他们就能够识别和区分恐惧、愤怒、悲伤和快乐的面部表情和声音（Kobiella，Grossmann，Reid，& Striano，2008；Walker-Andrews & Grolnick，1983）。当幼儿开始说话和走路时，他们的社交技能也在不断地提高，并开始能够准确地解读一些微妙的情绪信号。婴儿和幼儿理解情绪的一个策略叫作社会参照，即将看护人对某种情况的反应作为自己对这种情况反应的参考（Campos，1983）。当看护人积极地应对某一突发事件时，婴儿和幼儿也会以积极的情绪去面对；同样，当看护人惊恐地应对某一突发事件时，他们也会以消极的情绪去面对（Weinger & Anisfeld，1998）。

随着成长，儿童解读和应对情绪状态的能力也在不断地提高。3 岁的儿童便能够准确地判断出高兴、悲伤、恐惧和愤怒等情绪，并懂得特定的场景会引发他人特定的情绪，例如，生日聚会通常会让人感到快乐（Denham，1986）。学龄前儿童也逐渐意识到，在同样的情况下，他人体会到的情绪与自己体会到的可能会有所不同（Denham，1986；Denham et al.，2003）。解读面部表情的能力可以预测儿童和青少年的社交能力、学校适应能力、受欢迎程度以及整体的社会适应能力（Boyatzis & Satyaprasad，1994）。相关研究表明，学习困难的儿童很难识别和理解他人的情绪，而识别面部表情的准确性与智力障碍的程度密切相关（Bloom & Heath，2010）。

情绪与大脑

情绪能帮助我们适应环境并生存下来。我们的情绪由杏仁核控制，即大脑中的两个杏仁状的组织结构。杏仁核的作用是让身体的其他部位在有潜在危险或情绪状态下快速做出反应。当危险临近时，我们会在不到 1 秒钟的时间内快速做出反应，决定是逃离当前的处境还是击退行凶者。这样的情绪信号在我们大脑的“超级通道”上被加工处理，其表现是释放肾上腺素、心率加快、感官警觉性提高、血液中的血凝元素增加，以及调动全身肌肉和控制身体运动的大脑区域。在强烈的情绪反应下，我们的大脑皮层记忆系统会优先考虑与当前紧急情况相关的信息，我们运用高阶思维和解决问题的能力也有所下降（Goswami，2004；LeDoux，1996；Wolfe，2001）。

当一个事件能激发情感或具有趣味性时，我们的身体就会释放少量的肾上腺素，以此来提高大脑神经信号的质量。实际上，在编码和记忆的过程中，杏仁核的激活能够加深对情绪刺激物的记忆（Steidl，Razik，& Anderson，2011）。学习体验中的情感联系可以让孩子注意到某些东西，加快学习的进程。从一定程度上讲，身体或情感上的刺激越强烈，学习活动留下的印象就越深刻，这也正是孩子们能够清楚地记得那些激发他们学习动机或吸引他们注意力的课堂活动的原因。

1908 年，哈佛大学心理学家罗伯特·耶基斯（Robert Yerkes）和约翰·多德森（John Dodson）记述了情绪唤醒与表现之间的关系。这两位科学家注意到，当人们情绪高涨时，表现往往会有所改善，但如果情绪状态太过高亢，超出了一定的限度，表现又会急剧下降。这一著名的“耶基斯－多德森定律”中所指的情绪承受限度会因人而异。在 2011 年全美大学生体育协会锦标赛上，康涅狄格大学篮球运动员肯巴·沃克（Kemba Walker）所能承受的情绪刺激似乎没有上限，对方的球队越强，他打得越好。当压力过大时，肯巴的一些队友对刺激的承受达到了极限，并出现了简单的投篮失误［体育运动中称为“意外失误”（choking）］。而与之相反，肯巴承受刺激的能力远远超出了比赛的激烈程度，几乎完全靠他一个人为球队赢得了全美大学生体育协会锦标赛的冠军。

情绪与学习体验

儿童的学习往往会受期望、个人喜好、偏见、自尊以及其他社会情感需求的影响（Caine & Caine，1990），他们对学校和学习的评价在很大程度上取决于他们的需求是否得到了满足。像梅茜一样，很多孩子都将恐惧和学习联系到一起，压力过大扰乱了他们的学习（McEwen & Sapolsky，1995）。生活中最糟糕的时刻就是，我们有意识地去关心别人或自己对自身的评价，并开始对自身的能力产生质疑（Csikszentmihalyi，1997b）。如果孩子们感到羞愧，或者因为犯错误或反应不够快而觉得自己很笨，他们就无法建立情感联系，而这种事情在学校里经常发生。

小学二年级的米歇尔·施瓦茨老师讲述了一段她和 8 岁男孩蒂姆的经历。蒂姆在阅读方面有些吃力，在阅读小组中，每次轮到蒂姆朗读时，他就开始逗趣，想要避开这项任务。当老师坚持要求他朗读时，蒂姆就会大喊道："我看不懂，这太愚蠢了。我讨厌这本书！我讨厌你！"蒂姆的愤怒源自在理解书本上的字母时所产生的困惑和尴尬（Pitt & Rose，2007）。像蒂姆这样的孩子，总是认为课堂上的很多情境充满压力、令人恐惧，比如，结识新同学或新老师，想象自己被嘲笑，在没有准备的情况下被提问，参加限时测验以及对失败的恐惧等。

情绪是学习的基本要素。作为教师，必须要能够对学生的情感需求有所回应，并给学生提供一个安全的学习环境（Zambo & Brem，2004）。如果学生在学校的经历是愉快的，他们就会有更多内在的动力，去尝试更具挑战性的问题（Linenbrink & Pintrich，2003）。教师及学校管理人员可以通过创造一种注重培养而非评判的校园文化来减轻学生的压力，促进他们的学习。

如果学生能从心理上感受到安全感，他们就更愿意去冒险。如果学生曾经感受过羞辱或者感觉到将会被羞辱，或者因为给出错误的答案或反应不够快而觉得自己很笨，他们就无法建立联系。积极的学习环境能够给学生足够的时间、空间、关心和信任，让他们可以自由地表达自己尚不完整的想法（Daloz，1999）。这种能够让学生在开放式的学习环境中构建意义的情感安全是对话教学的标志（Feito，2007）。

英国数学家、哲学家阿尔弗雷德·诺斯·怀特海（Alfred North Whitehead）认为，浪漫情怀总是存在于一切具体的、真实的学习经历中。他写道，学习始于学习者的一种感觉，即他们感觉到自身与某一状况或主题之间存在着“未探索的联系”（Whitehead，1932）。在最近的一项探索性研究中，研究者要求学生讲述一段曾永久地改变了他们生活的学习经历（Soini & Flynn，2005）。三分之二以上的受访学生都选择了一段带有情感成分的学习经历，不管在这种经历中是别人向他们展示信息，还是他们自己接收信息。大多数人都谈到在这段经历中他们能够从直觉上感受到一种关联性，这种直觉源于个人及情感层面与某些状况或主题之间的联系。学生与学校所教科目之间的联系感也带有个人喜好和情感色彩。例如，某个学生会说，“我喜欢看星星，所以我对天文学特别感兴趣。虽然科学课很难，但我迫不及待地想去上课，我从中学到了很多东西”。这一研究说明，持久的学习似乎由个体对知识发自内心的好奇和喜悦所主宰。事实上，这种情感意义是学习最重要的预测因素（Soini & Flynn，2005）。

情绪如何影响认知

当儿童感受到积极的情感和情绪时，他们在记忆测试和分类任务中做得更好，并在问题解决过程中表现出更具创造性和更灵活的学习能力（Nadler，Rabi，& Minda，2010）。一项研究发现，与心情一般的学生相比，心情好的七年级学生在阅读任务上表现得更好（Bryan，Mathur，& Sullivan，1996）。在另一项研究中，情绪良好的学生可以更好地区分令人愉快的句子和令人不愉快的句子，并能更好地记住这两种句子类型，情绪欠佳的学生的表现则正好相反（Hettena & Ballif，1981）。对人的大脑而言，情绪反应是比认知反应更为首要的一种反应，通常会最先发生（Zajonc，1984）。要想成为理性的思考者，我们必须先处理好自己的情绪。当儿童感受到负面的情感和情绪时，他们会使用更简单的学习策略，付出的努力也更少。这是因为，他们会把一部分时间花在思考与手头任务无关的事情上，比如造成他们心情不好的原因等（Brand，Reimer，& Opwis，2007）。

情绪似乎会对记忆产生极大的影响。例如，在一项研究中，学生被要求玩一个名为“天气预报”的电脑游戏。在游戏的学习阶段，研究人员向学生呈现了一些容易激发情绪的图像，以及一些使学生情绪保持中立的图像。看过易激发情绪图像的学生学习游戏所用的时间更长。然而，两个月后，那些观看使情绪保持中立图像的学生已经忘记了自己在游戏中学到的大部分内容，而观看易激发情绪图像的学生却没有忘记（Thomas & LaBar，2008）。也就是说，编码过程中的情绪唤醒水平决定了对游戏中所习得技能的记忆。

在最近的一次课堂研究中，教师使用易激发情绪的图像和不使用易激发情绪的图像这两种模式来教授美国历史课程。与只接受历史信息的学生相比，那些看过易激发情绪图像的学生能回忆起更多的内容（Berry，Schmied，& Schrock，2008）。在该情况中，易激发情绪的图像为记忆这些内容创造了条件，在图像和相关概念之间建立起了强有力的联系。当某个信息与记忆中的其他信息有更多联系时，该信息就越容易被记住。

小贴士

- 情绪决定着儿童是否会注意并记住新的信息。
- 识别情绪的能力与社交技能和学习有关。
- 少量的肾上腺素可以激发儿童的表现，增强他们的动机、注意力和记忆。
- 要想促进儿童的学习，首先必须满足他们的情感需求。
- 持久的学习经历对儿童具有重要的情感意义。

利用情绪提升学生的课堂认知与行动

➢ 通过情感体验创建意义

我们所处的环境被各种各样的信息轰炸，哪怕我们只是关注其中的一半信息，都会觉得不堪重负。为了有效地解决这一问题，我们的大脑不断进化，可以立即过滤掉所有不必要的信息，只编码那些与当前时刻相关的信息，从本质上无视任何不符合现有认知结构的信息。不幸的是，学生在学校接触的许多信息都属于这一类，比如，某些事件的日期、无用的术语定义，以及一些无关紧要将被废弃的数据（Wolfe，2001）。为了使你的课程主题有意义，你可以充分利用学生自身的一些生动的经历来组织你的课堂教学，这些经历充满了丰富的背景信息、联系和情感。

当你的学生拥有的经验知识很少或没有经验知识时，使用当前的具体经验仍然是最有效的方法，基于问题的学习、案例研究以及其他体验式学习方法都是在这个前提下设计的（Taylor，Marienau，& Fiddler，2000）。苏格拉底问答法是通过探究来增进理解的一个非常有效的方法。通过采用这种方法，教师在集体经验的基础上促进对话，而不是直接提供信息。参加研讨的学生可以通过回答彼此的问题来获得所需的知识，也能够意识到自己知识的局限性（Taylor，2010）。你还可以通过一些情景模拟、角色扮演和体验活动来吸引学生，以及通过让学生解决现实生活中的问题来提高他们在课堂上的情感和动机。

开展一项全班参与的行动研究项目。在参与项目的过程中，学生可以结合研究、学习活动和社会行动给学校和社区带来积极的改变，同时成为问题解决者和批判性思考者。对学生来说，有意义的课程将会激发他们的情感生活，给他们留下深刻的印象。加利福尼亚州圣安娜市的小学教师埃米莉·沃尔克（Emily Wolk，2008）组织了一个行动研究项目。她问学生："我们的社区存在什么问题？"然后，她和班上学生一起，带着笔记本和宝丽来相机在当地观察并进行记录。学生的笔记和照片清楚地显示，靠近学校的十字路口对行人来说很危险。班上学生分成两组，一组负责记录经过十字路口的汽车数量，另一组负责记录试图穿越路口的行人的数量。接着，学生从当地警察局借了一把雷达枪，测试汽车在十字路口超速行驶的速度。这一背景研究引起了社区的关注，最终在十字路口安装了交通信号灯。"当人们形成一个具有共同目标的群体，考察所处的处境，做出决定进行改革并创造公正时，他们的处境就会得到改变。通过这样做，他们自身也会发生改变，减少恐惧，获得自信、自尊及努力的方向。"（Smith，Willms，& Johnson，1997）通过参与式行动研究，学生和教师在给世界带来变化的同时也改变了自己。参与式行动研究将批判理论和社会公正运用于真实的生活情境，这些真实的生活情境由学生、教师和社区成员共同确定。

➢ **增加学习内容的情感挂钩**

情感和理性紧密联系，并共享共同的大脑处理区域（Caine & Caine，1994）。要想在学生的情感和记忆之间建立联系，我们必须激发他们的好奇心。作为教师，你可以利用情绪的力量来积极地影响学生的学习和记忆。事实上，学生越是投入感情，他就越有可能学习。因此，请试着去强化学生的情绪状态。例如，问学生"为什么拓荒者会在两河交汇的地方定居"比问他们"拓荒者定居在哪里"更容易激起他们的情感（Schuh & Rea，2001）。

设计采访活动。在学习某个历史单元时，可以探望和采访一些年长者，询问他们的经济大萧条经历和记忆，并从他们身上了解物质贫乏暴露了哪些不为人知的人性的另一面，以及经济的不稳定如何影响着人们的生活方式，即使是在经济繁荣时期。在有关科技发明的科学课堂上，可以向不同年龄的人询问他们人生中出现的发明。可以问问他们，在手机或互联网出现以前，生活是怎样的，可以问问父母是否还记得以前不能在电视上看电影、希望自己最爱的影片出现在电视上的时光，还可以问问爷爷奶奶是否还记得通过唱片机演奏唱片或者通过接线员来给朋友打电话的日子。社区中有些年迈的曾祖父母或长者甚至是在没有汽车或电灯的年代长大的，他们也可以成为被采访的对象。

但是，对学生来说，在进行该项目之前需要先学习一些访谈技巧。鼓励学生提出一些有深度的问题，记录下答案，并展示他们的发现。所有收集到的信息都可以用于个人展示或班级展览。如果可能，你可以邀请一些嘉宾谈一谈他们的生活，或者参与到学生的讨论中。听一些一手的信息可以让学生感受到课本所无法提供的情感体验。

➢ 在课堂教学过程中让学生表达情绪

帮助学生学会控制自己的情绪。你可以组织一些课堂活动，让学生谈论自己的情绪并倾听他人的感受。强调社会互动和对话的课堂往往能够提供最有效的情绪抒发渠道，并为在课堂上表达情绪提供情境支持。不要去回避情绪问题，将它们呈现在学生面前，让学生去加以讨论。

让学生围绕违纪事件谈论感受。当学生破坏了班级规则时，与其简单地给予惩罚，不如将全班学生召集起来，给他们机会去表达自己的经历和感受。你可以让学生围坐成一个圈，并让每个学生谈谈他们对这一违纪事件的看法，然后，可以让学生讨论出一个合理的解决方案，并遵循他们的建议。通过这一方式，你可以让学生知道除了愤怒以外，还可以采取其他的冲突解决方式，同时也给学生机会去表达他们的复杂情感。

➢ 在课堂教学中加入幽默

幽默可以给学生带来一种舒适的课堂氛围，让他们放松身心，从而促进学习。笑声可以缩短社交距离（Cosner，1959），激发动机、吸引注意力，并引发思考：孩子们喜欢听他们认为有趣的故事，尽管他们可能并没有意识到他们正在运用高阶思维来理解那些滑稽的故事、笑话、诗歌和谜语。此外，一些实验研究告诉我们，积极情绪对阅读、信息处理、问题解决和回忆有着重要的影响（Brand et al.，2007；Bryan et al.，1996；Hettena & Ballif，1981）。通过使用幽默可以有效地纠正阅读问题、控制行为障碍、促进词汇学习、教授外语，以及对社会研究加以整合（Cornett，1986）。

让语音课充满欢声笑语。不管学生的阅读能力处于初级水平还是更高水平，都可以玩“给运动取名称”这一游戏。在教室中放三个容器，让阅读能力处于初级水平的学生在第一个容器中放入辅音或辅音连读，这些辅音或辅音连读出现在单词词首（比如，sp，st，tr，bl），在第二个容器中放入单元音或双元音（比如，ai，ea，ee，oa），在第三个容器中放入单辅音或双辅音，这些单辅音或双辅音出现在单词词尾（比如，rd，rt，st，nd）。接着，让学生从每个容器中挑出一张纸，将这些发音组合成一个没有意义的单词，这个单词将作为一项运动的名称。然后，学生需要发挥想象力去描绘出这个运动的细节。该运动怎么玩，是以团队形式还是个人形式？需要用到球、飞盘、飞镖吗？哪个年龄段的孩子可以玩？如何计分？对于阅读能力处于中间水平的学生，可以要求他们在第一个容器中放入音节，比如，lof，pib，juf 或 zat，在第二个容器中放入开音节，比如，go，li，va，nu 或 he，在第三个容器中放入后缀，比如，ment，less 或 able。学生可能会想出一些类似“Lof-Li-Ment”或者“Zat-va-ness”的运动名称。类似这样有趣搞笑的活动往往都很受学生欢迎，而原创幽默有助于批判性思维的产生。

认知与行动助推器 4：元认知

查理知道，当他忙于快速地答完手中的试卷时，他的回答就会变得混乱，而他现在所要做的就是记住课堂测试中的那些单词定义。每当晚上和爸爸一起在餐桌上学习时，一切似乎都变得更安静，题目也显得更加容易。在考试的过程中，当试卷发下来之后，查理手中拿着笔并开始回想单词的含义。他需要不断地提醒自己："我这一整个星期都在学习这些单词，我记得很清楚。"当他准备写下这些单词及其定义时，他的脑海中回想起父亲的声音，"慢下来想一想，不要着急答题，一道题一道题地解答"。这一次，查理没有急于求成。

课堂教学是一个共同的认知过程，在这一学习过程中，教师和学生都带着各自的目的（Bereiter & Scardamalia，1989）。儿童对学习情况的理解会引导他们的意图和行动。元认知这一术语通常是指对思考的思考或对学习的学习，以及了解自己的认知策略并将这些知识应用于手头的任务。为了有效地学习，儿童必须能够认识到自己与他人的想法，以及自身行为和他人行为的改变。研究表明，当儿童对学习的真实过程很了解时，他们对复杂概念的理解和记忆会更好（Gardner，2001；Light，1990）。元认知归根结底就是增强对自身学习的认识和控制，理解我们的思维是学习过程不可或缺的一部分。儿童对自己和他人基本心理状态包括记忆和学习、信念、欲望、思维和情绪的认识，会影响他们批判性思考和推理的能力（Wellman，2002）。

心理理论

关于元认知发展的理论和研究始于20世纪70年代，主要集中在儿童对自己的感知、注意、推理、记忆和解决问题的认识上。20世纪80年代，发展科学家将这项工作进一步扩大，并将之称为心理理论（theory of mind）。心理理论研究评价儿童如何理解思考本身，以及他们是如何认识到自己的思想、知识、欲望和感受是独立的、不同于其他人的（Flavell，1999）。心理理论研究让我们看到人类是如何开始理解知识的，以及儿童是如何获得这种理解的。我们在向他人传达信息时需要先理解他们的观点，而心理理论几乎是每一种交流行为的基础。

最著名的心理理论实验室测量法被称为错误信念任务（false-belief task），实验过程如下：实验者给一个 5 岁的孩子一个糖果盒，问他认为里面有什么。"糖果"，5 岁的孩子回答道，并看向盒子里面，但惊讶地发现里面装满了蜡笔。接着，实验者问孩子，另一个孩子（还没有看到盒子）会认为里面有什么，"糖果！"，他大声说道，并被这个把戏逗得哈哈大笑。然后，实验者将同样的程序运用到一个 3 岁的孩子身上，他对第一个问题的回答与 5 岁孩子的回答完全相同，但当被问到另一个孩子在看到糖果盒会认为里面是什么时，3 岁的孩子回答说，"蜡笔"。在进一步的提问中，3 岁的孩子还声称自己从一开始就知道里面装满了蜡笔，甚至还声称在第一次被问时就回答的是"蜡笔"（Gopnik & Astington，1988；Perner，Leekham，& Wimmer，1987）。对于孩子们来说，能够区分自己知道的和别人知道的东西、了解他们的知识来自哪里以及何时发生改变，都是复杂的元认知挑战。一项研究发现，6 岁的孩子会认为一个还不会走路或说话的婴儿如果被告知魔术盒里有什么，他们就会认为魔术盒中是什么东西（Miller，Hardin，& Montgomery，2003）。

发展心理学先驱让·皮亚杰认为，儿童会根据自己的感受来揣测别人的感受。事实上，儿童是将人类作为一个集合体来看待的，认为人们有同样的经历和想法。他们也很容易在知识和能力上相信别人（特别是那些证明自己很可靠的人）。年幼的孩子甚至可能会认为，他人能够了解自己的想法，并与他们有相同的观点、感受和内心体会（例如，2 岁的儿童在玩捉迷藏游戏时会遮住自己的眼睛，因为他们认为自己看不到，别人也就会看不到）。

在另一个经典的心理理论实验中，孩子被告知，苏西将球藏到枕头下，然后离开了房间。当苏西走了之后，另一个人偷偷溜进来，并在苏西回来找球之前将球移到了抽屉里。然后，实验人员问孩子们："苏西会到哪里找球？"一些 4 岁的孩子认为苏西并不知道这个小把戏，因此会到枕头下去找球，但大多数 3 岁的孩子都坚持认为苏西一定会在抽屉里找球（Dalke，1995）。有趣的是，当同样的任务涉及情感因素时（例如，寻找孩子失踪的父母而不是一个球），5 岁的孩子很难去解决这个错误信念问题（Symons，McLaughlin，

Moore，& Morine，1997）。

儿童到了4—5岁才开始明白，他人的信念或错误信念会引导他们的言行，他人所看到及体验到的事情可能会与自己看到及体验到的不同。到了6岁或7岁时，儿童可以从别人的角度来看这个世界。换句话说，他们可以理解一个有错误信念的人认为自己知道真相的这一行为。同样，他们也会认为自己可能持有错误的信念，尽管他们不知道真相，但却认为自己知道（Astington & Pelletier，1998）。

更奇怪的是，在学习某个内容时，学龄前儿童总是喜欢声称自己早就知道这些内容。一组实验人员以4岁儿童为对象，教授他们一些有关熟悉动物的新事实、通过熟悉的物体所完成的新动作、通过陌生的物体所完成的新动作，以及一些新颜色单词。在学习完这些新信息之后，实验人员以各种方式问他们什么时候学的这些新信息，结果发现，这些孩子通常会声称自己早就知道了这些事实（Taylor，Esbensen，& Bennett，1994）。"教育"一词的拉丁语词根（"*educere*"）的含义是指，将已经存在的东西带出来或者引出来！

心理理论会影响儿童对教与学的认识以及积极参与教与学活动的能力（Frye & Wang，2008）。儿童心理理论的复杂程度与儿童通过指导和协作进行学习的能力有关（Tomasello et al.，1993）。掌握在学校中获取成功所需的技能，包括有效地协作、参与讨论、与教师和同伴建立关系、理解复杂的语言，对于了解大脑如何工作的孩子来说更容易（Binnie，2005）。事实上，研究也表明，能否成功地完成错误信念任务与社会－情绪成熟度、在同伴中的受欢迎程度、观点的接受能力、亲社会行为以及整体的学校适应情况都有积极的关系，而所有这些方面都被证明可以促进学习（Dockett，1997；Lalonde & Chandler，1995；Watson，Nixon，Wilson，& Capage，1999）。其他的学校技能，比如，解读他人的意图、修正对世界的看法，对心理理论发展良好的孩子来说，掌握起来也更容易。撇开智力不谈，元认知理解可以预测儿童早期在学校中的成功，并与儿童在学校的经历相关联（Astington & Pelletier，1998）。

语言与元认知

语言为儿童表达自身的思想提供了一个窗口。从某种意义上说，所有的语言都反映了某种思想，因为任何言语行为都表达了说话者的心理状态。当一个孩子使用明确的词语来表达他的信念、欲望意图和情感等在内的心理状态时，我们可以据此判断出该孩子的想法。元认知语言也能引导孩子对大脑进行更深层次的理解。在教学过程中，教师和学生可以利用语言来交流思想和分享理解，创造良好健康的互惠关系。最终，当学生和教师找到共同的语言来对学习加以讨论时，课堂互动会变得更加令人满意和成功（Astington & Pelletier，1998）。

史密斯学院实验小学的伊丽莎白·库尼老师通过词语教授班上五年级的学生学习新的理解方式。例如，她通过“塞勒姆女巫审判”这一单元中的“歧视女性”（misogynistic）这个单词，教授学生如何将一个历史事件与当今社会中发生的事件联系起来。类似地，她还通过“人类中心说”（anthropocentric）这个单词向学生介绍植物学家对植物分类的方式是基于植物与人类的关系这一知识，从而教学生批判性地思考观点、知识和力量之间的关系。在表达什么、如何表现、如何思考以及如何描述自己的经历和学习方面，学生需要指导与帮助。

基于语言与思想之间具有强大的联系这一认识，史密斯学院实验小学的老师们为加强学生的元认知，为学生制订了“指导语”。指导语可以帮助学生理解如何在学校中做到举止文明，包括勇敢、协商、宽容、勇气、信任、韧性、同理心和尊重。在整个学年教学过程中，每个年级都要使用两个指导语，教师在自己使用这些指导语的同时，还将它们与课程和学习经验联系起来。例如，五年级学生在学年学习中的一个指导语是“韧性”。伊丽莎白·库尼老师在每天的教学中一有机会就向学生输入这一指导语，比如，她会问学生：“你会立刻放弃吗？”“在这种情况下，有韧性的人会怎么做？”或者“你觉得梵·高有韧性吗？”渐渐地，学生开始学会在教室、餐厅和操场上使用这些指导语，他们也开始以不同的方式去思考自己和他人的行为，他们对世界的感知和对自身学习经历的理解也变得更加深刻（E. Cooney，个人交流，2011 年 3 月 22 日）。

言语的细微差别能够改变我们的思考方式，不管我们是否意识到，这一点在斯坦福大学研究人员最近的一项研究中得到了证实。在该研究中，研究人员向学龄前儿童描述了一个假想场景。在该场景中，孩子们会得到泛泛的表扬（比如“你是一个优秀的艺术家”）或具体的表扬（比如“你画得很好”）。表扬之后，孩子们被要求想象自己在绘画中犯了错误，然后研究人员询问孩子们的感受以及接下来会做什么。与得到具体表扬的孩子相比，那些仅仅被告知他们擅长画画的孩子对待犯错误显得更加紧张，就好像他们自己犯了错误一样。具体来说，这些孩子在面对错误时表现出了更明显的无助行为——他们没有想着如何去改正这些错误，相反，他们因一点错误而感到难过，否定自己的艺术才能，并且再也不想画画了（Cimpian，Arce，Markman，& Dweck，2007）。表扬措辞上的细微差别对孩子们的动机产生了惊人的影响，正如马克·吐温（Mark Twain）曾经说过的，“一个正确的词和一个几乎正确的词之间的差别就像闪电和萤火虫之间的差别一样”（1901/1976）。

将教别人作为一种元认知工具

我们很多人都有和毛绒玩具、祖父母以及弟弟妹妹扮演学校中场景的回忆. 当儿童扮演教师的角色时，他们会自动地依赖自身的元认知知识。有关儿童的观察研究表明，儿童在三岁半左右便开始自发地尝试教自己的同伴（Ashley & Tomasello，1998）。一些发展科学家指出，教别人是一种普遍的或“自然的”认知行为，因为它在生命的早期阶段就已出现，普遍存在于人类群体中，是人类先天具备的一项能力，不需要他人教授。此外，教学非常复杂，它需要知道学习者缺失哪些具体的技能，能够指出问题及其可能的解决方案，并推断学习者的动机、情感和世界观（Ackoff & Greenberg，2008；Strauss，

Ziv，& Stein，2002）。

发展科学家通过向孩子展示一项新技能（比如，教孩子搭建一个东西或玩一个游戏），并要求他们将这项技能教授给同伴，从而对他们扮演教师角色的情况进行研究。实验发现，不同年龄段孩子的表现存在一定差异。3 岁的孩子倾向于依赖直接的演示，4 岁的孩子会使用更多的口头指示，7 岁的孩子会问“学生”是否理解，并根据“学生”的错误来调整自己的教学策略。一项研究表明，理解他人观点的孩子（以及成功地完成错误信念任务的孩子）更可能会在示范和演示这一基本教学技巧的基础上进行口头解释（Strauss et al.，2002）。在另一项有趣的研究中，研究人员让一群 9 岁的纳瓦霍族儿童和欧美裔儿童分别教 7 岁的同伴玩一个复杂的迷宫游戏。结果发现，教学技巧会因文化不同而存在差异。与欧美裔儿童相比，纳瓦霍族儿童在教授的过程中提供了更多具体的任务信息，也更支持他们的同伴，而出现这一结果的原因很可能是关于集体成就的文化价值观存在差异（Ellis & Gauvain，1992）。

小贴士

- 元认知意识能促进儿童的学习。
- 心理理论是元认知的基础，反映了儿童的接受信息能力、发展程度以及学校适应能力。
- 使用反映心理状态的词汇可以帮助儿童发展元认知。
- 扮演学校中的场景也可以帮助儿童学会理解和转换观点。

使用元认知提升学生的课堂认知与行动

➢ 制订清晰的教学计划和课堂安排

帮助儿童了解他们学习方式的第一步是使这一过程成为教育话语的一部分。明确对学生及对你自身的期望与要求，尤其要让学生养成去反思课堂学习经历以及自己的学习方式是否有效的习惯。如果学生不清楚课堂教学目标

（包括应该关注的内容、课堂活动的目的、最终的学习目标），课堂就会像一个猜谜游戏，学生整堂课都在寻找你希望他们做什么（Minick，1993）。相反，作为教师，我们应该帮助学生将他们自己看作自身学习过程的积极的共同建设者，让他们知道教学目标，并教他们如何评价自身的学习。

与班上学生分享教学计划。学生经常需要被明确地告知为什么要学习一些内容，基于此，你可以将接下来将要在课堂上做什么的理由告诉班上的学生。你可能会经常听到这样的提问："我们为什么要知道这些？"或"我什么时候才会用到这个知识呢？"你的学生可能并不知道学习平方根、语法或民权运动的目的，对于这些国家课程标准强制规定的学习内容，有时候你可能也不知道。然而，弄清楚你所教知识背后的理由和意义并向学生解释清楚是作为一名优秀教师的最高教学职责（Csikszentmihalyi，1997b）。

让学生明确学习结果和学习目标有助于促进对学习的讨论，使学生养成元认知的思维习惯。当学生知道具体任务或活动背后的原因时，他们可能会感到惊讶，甚至会对某些成功的学习经验进行反馈。可以尝试问问学生下一年可以在哪些方面做些改变、怎样让课堂更愉快或更令人难忘，或者如果他们是老师的话会做些什么等问题。即使是荒谬的或不切实际的建议，也可以开启对教学和学习过程的对话。

➢ 帮助学生形成自我意识，反思自己的主动学习过程

当学生积极参与（并反思）学习过程时，他们会更好地理解复杂的概念，并在更长的时间内记住这些概念（Gardner，2001；Light，1990），这也有助于让学生认识到他们对共同的学习活动及课堂所做出的贡献。其他鼓励反思的方法还包括在课程结束时进行自我评估（而不是考试或教师评估）以及把自己作为学习者、思考者甚至哲学家进行书面反思。

用“K–W–L 教学法”构建你的课堂教学。K-W-L 教学法由教育学者唐娜·奥格尔（Donna Ogle，1986）提出，其含义是指“我们知道什么”（What we know）、“我们想知道什么”（What we want to know）以及“我们学到了什么”（What we learned）。在阅读一个文本或探索一个主题之前，让学生去思考“我知道什么”，这有助于学生了解自己已有的知识，鼓励目标导向的学习，以及探索并获得新的知识。如果你以头脑风暴的形式来让学生回答“我知道什么”，你可以问学生“你在哪里学的这个知识？”或“你如何证明你掌握了这一知识？”，从而帮助学生思考。提问该问题的另一个方法是，以集体的方式询问学生“我们知道什么”，然后判断学生是否确实掌握了这一信息。如果学生确实掌握了这一信息，问问他们获得这一信息的来源。

接下来，让学生思考他们想知道什么，这个问题可以使学生对自己的学习目标负责，同时也能够促进学生对学习的坚持和参与。帮助学生思考他们的学习计划，并通过提问学生他们想要知道什么来帮助他们思考，同时帮助他们在已经知道的内容和想要知道的内容之间建立联系。最后，在课程结束时，让学生回答“我学到了什么”。在回答这一问题时，学生需要反思他们的问题是否得到了解答，以及他们还想要或需要学习什么。K-W-L 教学法可用于个体指导，也可用于全班教学。有时候，让学生集体去思考学习可以帮助他们理解不同背景信息和观点对知识的影响。

➢ 了解你自己对教与学的信念

研究表明，教师的信念体系会影响他们的教学，正如学生的心理理论会影响他们的学习一样。事实上，你对知识获取的认识以及你的无知、智慧、错误观念和信念都将明显地影响你的教学实践（Strauss，2005）。最终，你的元认知信念和理解将会帮助学生发展他们的元认知。

尽可能多地去阅读和研究有关学习的知识。研究不同时期、不同文化背景下的教与学，并思考某些全新的教学风格和教育理念是否值得一试。尽可能让自己和他人清楚地了解你对于教学和学习的看法，并将其作为你的优先事项，同时花时间来滋养和激发你自己对学习的热爱。

写出诚实、有思想深度的教学理念。也许你在参加教师培训或求职时曾经写过，但偶尔重温下这个过程对你的教学来说可以起到很好的助推作用。可以从阅读一些著名教育家的教学理念开始，例如，约翰·杜威的《我的教育信条》，或让－雅克·卢梭的著作《爱弥儿》，然后在互联网上阅读一些当代的教育理念。当然，你也可以在学校中创建一个兴趣小组，与同事一起探讨这些教育理念。你们可以趁着午餐时间进行讨论，并将讨论内容汇编成一本书或放在学校网站上。你甚至可以让你的学生参与到对这些话题的讨论中，问问学生他们认为学校的意义是什么或者应该是什么。即使是低年级的学生也可以参与讨论，他们可以通过画画来表达自己的想法，并反思自己在学校的经历。从教师和学生的角度审视教育是一个有意义的做法，有助于培养学生的元认知意识，从而推动学习。

认知与行动助推器 5：清晰表达

在日托中心，当一个年龄较大些的男孩走近时，2 岁的乔姬大声尖叫起来，因为她意识到这个男孩要来抢她等了半个上午才轮到她玩的割草机玩具。然而，她的大声尖叫并没有用，男孩已经触碰到把手，并开始进行拖拉。玛丽·凯特老师看到这一场景后冷静地走过去，对已经哭得泣不成声的乔姬说道："不要哭，乔姬，有什么就讲出来。""我的！"乔姬大叫道。玛丽老师微笑着对乔姬说道，"很棒，下次碰到这种情况时，你就告诉对方该轮到你玩割草机了，没有必要大喊大叫。"当乔姬慢慢地明白了这一点后，她不仅能够更加清楚地知道自己想要什么，而且能够更有效地获得她想要的东西。

解释你的想法不仅有助于传达你的知识，而且能够增加你的知识。有时候，孩子们对新材料或新概念已经有了初步了解，但还不知道如何用语言表达。作为教师，你可以帮他们找到合适的语言，同时帮助他们构建起脆弱的理解，从而形成自己的知识。维果茨基（Vygotsky，1986）曾写道，言语解释与思考有很强的相关性。他声称，推理和思考通过分享而产生，尤其是在合作的过程中。因为一起合作时需要给予解释、提出问题、倾听、回应他人的观点，并提供反馈意见，学习者不得不根据与合作伙伴的交流来重新组织他们的想法，同时合作伙伴也有机会去探索自己与他人知识的差异，而在独立工作时则没有这种机会。

要求学生在解决问题的同时阐明自己的步骤可以使他们有更好的表现。研究表明，最好的问题解决者能够描述支配其行为的规则。一项实验发现，可以解释物理教科书中例题的学生能够更好地解决新的物理问题，此外，当学生被要求详细描述他们是如何解决问题的时，他们更快地解决了这些问题（Willingham，Nissen，& Bullemer，1989）。各种各样的测试都得出了同样的结果，这些测试包括序列反应时（serial reaction time，测试学生学习重复序列的能力）、人工语法学习以及导航（Sun，Merrill，& Peterson，2001）。这些研究的证据表明，在课堂学习中给予同学口头指导的学生比那些没有进行口头表达的学生表现更好。要求学生表达自己的理解，有助于学生将他们的隐性知识更清楚地表达出来（Bower & King，1967）。

通过一些方式去交流知识可以使知识在我们的脑海中更加牢固。例如，被要求在回忆课堂学习及经历的过程中做手势的学生，比那些自发地做手势或者根本没有做手势的学生显示出更优越的记忆能力（Stevanoni & Salmon，2005）。在一项相关的研究中，研究人员要求一组孩子在解释数学难题的解决方法时做手势，而另一组孩子只需口头解释问题的解决方法。做手势小组的孩子，虽然没能解答问题，但通常能够想出一些新的、正确的问题解决策略。然而更引人注目的是，当手势组的孩子继续试图解决这些数学难题时，他们比非手势组的孩子更有可能取得成功（Broaders，Wagner Cook，Mitchell，&

Goldin-Meadow，2007）。换句话说，表达出隐含的知识和想法，能够提高孩子未来的学习接受能力。

提问

提问是表达观点和使学习过程明确的一个重要部分。研究表明，在阅读的过程中向自己提问的孩子比那些不向自己提问的孩子能够更好地理解阅读内容（Rumelhart，1991；Trabasso & Suh，1993）。同样，当学生在阅读的过程中（而不是之后的某个时间点）被要求解释他们所读的内容时，学习的深度会增加。一项研究发现，在学习时习惯于主动解释科学教科书中的段落的学生，能够比那些没有这种习惯的学生更好地理解科学原理（Chi，Bassok，Lewis，Reimann，& Glaser，1989）。在另一项有趣的研究中，学龄前儿童与父母一起阅读，其中一组父母被要求在阅读的过程中向自己的孩子提问并展示新的词语，结果发现，与父母没有改变阅读风格的同龄人相比，那些被父母提问及展示新词汇的儿童会学到更多的词语（Blewitt，Rump，Shealy，& Cook，2009）。

解释

解释他人行为的起因或后果的能力与学习相关。众所周知，孩子会提很多问题！他们的提问会带来解释、推理和对因果关系的理解。在一项有趣的探索性研究中，学龄前儿童的母亲记录了自己孩子所问的一些因果问题（例如，“为什么……”“怎么会……”）。毫不奇怪的是，孩子们所问的问题通常都与他们身边所发生的一些事件和现象有关。从母亲们截至目前的记录中来看，孩子们问的最多的问题主要集中在有关人类行为、动机和行动的原因等方面（例如，“她为什么这样做？”）（Callanan & Oakes，1992），其他相关的研究也证实了这一结论。一个研究小组发现，在2—4岁儿童提出的问题中，

70%都是与人类行为动机有关的问题（Hickling & Wellman，2001）。而能够给出依据和理由是清晰表达的关键以及学习的一个驱动力。

当我们向孩子解释某些事情时，我们会将他们的经历与有意义的概念或框架联系起来，从而帮助他们获得复杂的推理技巧。在我们向孩子解释各种观点以及要求他们向我们解释自己和他人观点的过程中，孩子们学会了接纳观点。为了阐明这一结论，一个研究小组记录了一组母亲与 3 岁孩子每天进行的 2 小时日常对话，并在 7 个月后对孩子们的观点接纳能力进行了评估。结果表明，母亲在日常对话中对日常行为和事件的原因给予解释的孩子拥有更好的观点接受能力，能更好地理解他人的想法，他们还表现出更深层次和更复杂的一般认知技能（Dunn，Brown，Slomkowski，Tesla，& Youngblade，1991）。

要解释他人的推理，孩子们需要从元认知立场去推断他们自己的心理状态并思考得出这一推理的原因。在一个有说服力的实验室研究中，实验研究人员对孩子们的数学问题答案进行反馈，然后要求他们解释这些反馈背后的原因。例如，如果有孩子回答不正确，实验研究人员可能会说，“其实这两行是一样的，你认为我是如何知道的呢？”然后将这些孩子与没被要求解释他人观点的孩子进行比较，结果显示出了惊人的差异：那些被要求解释反馈原因的孩子在随后的挑战认知任务中有 70% 的成功率，而其他小组的孩子仅有 40% 的成功率（Siegler，1995）。显然，鼓励孩子们反思并解释他人的观点可以促进思考和学习。

通过写作来表达观点也能够促进孩子的理解和推理能力。与其他形式的反思表达一样，写作不仅是在沟通知识，更是在创造知识。写作是使含蓄的想法变得清晰的一个理想方式，因为它需要使用到一些复杂的认知技能，这包括选择论述和描述的技巧、寻找论据并构思观点、消除差异，并使只是初步成型的想法变得更清晰。研究表明，写作能够强化批判性思维、推理和知识应用能力（而所有这些都被认为是高质量学习的基石）（Hand & Prain，2002；Keys，1993；Klein，1999；Rivard，1994；Rosaen，1990）。在一项研究中，生物系的学生被分为两个小组——一组通过写作来记录自己的实际动手经验，另一组则采取测试的形式。在研究项目开始之初，两组学生在批判性思维测试中的得分一样，而在项目结束时，写作组在批判性思维能力方面取得了很大的进步（包括分析和推理技能），而非写作组则没有（Quitadamo & Kurtz，2007）。写作具有递归性，它能够鼓励学生在不同学科如科学和音乐中不断地发现和思考，也能帮助学生建设性地使用语言将新信息与他们已有的知识整合起来（Armbruster，McCarthey，& Cummins，2005）。

明确目标

当学生被明确地告知教学目标时，他们的学习效果最好。因为大脑额叶（大脑中负责制订计划的区域）的功能直到青春期才全面完善，如果在进行课堂学习之前便让学生知道这节课的预期结果，将有助于他们的学习。一项重要的发展科学研究证明了将教学目标详细地告诉儿童可以带来的好处。一组 4 岁的孩子被带进实验室，实验人员向他们展示了一个带有彩色按钮的盒子，并告诉他们以一定的方式按下按钮，所对应的灯会依次被点亮。“老师”（实验人员）对孩子们进行指导，但在关于为何会按下某个按钮的问题上，他们给出了不同的理由。其中，一些孩子在“老师”的指导下学习如何记忆灯亮的顺序，一些孩子被告知“老师”按下某个按钮只是因为他们喜欢这样做，其他孩子没有得到任何解释，他们只是被要求在一旁观看。孩子们学习复杂顺序的能力因他们接受到的解释不同而有所不同。在“老师”的指导下学习如何记忆灯亮顺序的孩子比那些被展示了相同动作但却得到了不合理解释或者没有得到任何解释的孩子，能够更准确地掌握按按钮动作（Sobel & Sommerville，2009）。听到对自己所见到事物原因的解释，会影响孩子接下来看什么，并能够使他们更深入地参与其中。同样，在合作过程中，当合作伙伴阐明他接下来的计划时，有助于增强孩子的记忆能力并从合作伙伴的行动中学习（Ratner，Foley，& Gimpert，2002；Sommerville & Hammond，2007）。

小贴士

- 清晰表达不仅可以帮助儿童沟通交流，还有助于他们形成自己的知识。
- 对儿童的学习来说，解释如何解决一个问题比实际解决问题更重要。
- 手势有助于理解。
- 提问、解释以及写作都能够促进思考和推理。

运用清晰表达提升学生的课堂认知与行动

➢ 创建一些会运用到清晰表达和解释的课堂活动与任务

清晰地表达思想不仅仅是为了沟通交流，尤其对于孩子们而言，表达、修正和分享有助于他们形成自己的想法和观点。换句话说，当孩子进行解释时，其不成熟的想法可以逐步完善。给孩子们提供机会解释自己和他人的想法与行为，是产生有意义学习的一个重要手段（Wellman & Lagattuta，2004）。因此，作为教师，应帮助孩子表达他们的理论和想法，给他们提供各种表达交流的机会。

让学生写下问题解决过程。比如，在数学课上，你可以给学生布置一个写作任务，让他们将解决数学问题的过程写下来。他们可以将自己每一步的解题步骤写下来，这样其他同学在解答同一问题时可以作为参考，或者将自己在解题时的内心体验描述出来（“当我看到试卷上的最后一个问题时，我感到很紧张，因为长除法不是我的强项，但是当我回忆起 8 是 4 个 2 时，我找到了问题的正确解法。”）。这种表达方式有助于学生了解他们的学习过程并学会控制它。其他有效的方式还包括要求学生形象化地呈现故事情节、在进行科学项目之前创建一个知识导图，或者通过手势去教别人等。

➤ 鼓励提问并采纳他人观点

年幼的孩子不需要我们鼓励就会去提问，我们所需要做的就是确保孩子们在课堂上也能继续探索。你可以在课堂上创建一个提问的氛围，在学生思考的过程中问他们一些问题，从而向他们示范如何进行提问。研究表明，在学生阅读故事的过程中（而不是过了一段时间之后）要求他们回答问题有助于增强理解和学习（Andre，Mueller，Womack，Smid，& Tuttle，1980；Hamilton，1985），要求学生对已读内容进行解释通常更有效。关于科学学习的研究也表明了积极地解释教科书中的段落（即使是向自己解释）的学生能够更好地理解科学原理（Chi et al.，1989）。因此，作为教师，我们所要做的是教学生如何深化他们的问题、更深入地思考以及挑战自己的假设，同时鼓励他们对行为背后的动机和原因、教科书以及权威提出质疑。在课堂教学中，可以通过提问导入到对相关问题的讨论及表达，这样做可以促进学生接纳他人的观点，同时加强他们的元认知技能。

让学生准备一个问题簿。可以让学生将整个学年中遇到的问题，以及在不同学科如数学、阅读、科学、历史和时事学习中碰到的问题记录下来。在介绍了一个新的学习单元后，你可以让学生写下他们感兴趣的一些问题，你也可以在单元学习结束时让他们写下对他们来说仍然没有得到解答的问题。对于高水平的学生，可以要求他们从另一个人的角度来提出问题。例如，“你会如何向比你小很多的学生解释民权运动？”或者“你的祖父母关于民权运动的经历是怎样的？”无论如何，要让学生在学期中和学期末回顾一下自己所提的问题，并在回顾过程中问问学生是否从这些问题中看出什么模式，或者什么类型的问题揭示了他们的兴趣和想法。你可以花一些时间来帮助班上学生发展批判性提问技巧或者运用他们所提的问题作为学习评价工具（比如，在这一年的学习中，学生的想法有没有深化？他们所提的问题都是些文字层面的，还是有助于发展他们推理技能的？），这对你设计课堂教学也有帮助（比如，在设计教学时，你可以问问自己，学生所提的问题是否反映了他们对你解释观点的深刻理解？）。请让你的学生养成表达问题的习惯，尽管最初看起来带有一定的强迫性，但这有助于学生具体地表述他们的想法。

认知与行动助推器 6：合作

西尔维娅和哥哥姐姐在海滩上堆了一上午的城堡。他们将水桶装满了水，然后从海岸边运到沙滩上。他们挖了壕沟和隧道，搭建了楼梯和多层塔，甚至在每个城堡上插上了芦苇旗帜。当爷爷走过来看到城堡的时候，哥哥姐姐都去游泳了，只有小西尔维娅留在沙滩上，欣赏着他们堆砌的沙地王国。“谁堆的城堡呀？”爷爷问道。“我堆的！”西尔维娅大声地说道。“哇！这些都是你堆的吗？”爷爷疑惑地再次问道。“是的，是我堆的！”西尔维娅一脸自豪地回答道。

合作能推动学习，与同伴一起学习为指导、构建和搭建儿童的知识提供了机会。正如上文所提到的，这是因为，在合作过程中，通过清晰表达可以使隐性学习变得更加清晰明确。此外，与他人有效地合作需要运用到一些复杂的技能，比如，协调问题的各个概念、使自己的想法变得清晰明了、理解同伴的想法等。简而言之，合作需要运用到高层次的推理和批判性思维。

在最近发展区内合作

社会文化传统领域的发展科学家将整个人类发展看作与他人一起掌握文化符号和工具的过程，其目的是加入所在社区。根据维果茨基的观点（Vygotsky，1987），儿童在合作中所能做的总是比独立所能做的要多得多。当儿童比他的学习伙伴更有经验时，他就可以引导那些经验不足的伙伴了解他们需要学习的东西。维果茨基将儿童依靠自身能力所取得的成就与在比自己优秀的同伴的帮助下所取得的成就之间的差距，称作最近发展区。因此，教学只有在促进学生发展时才有意义。维果茨基理论的研究者已经证明，当初始技能水平各异的合作伙伴协同工作达成共同理解时，会促进认知的发展。我的先生罗布有过这方面的亲身经历，他在一个所有孩子都比他大4—5岁的社区长大。在他很小的时候（当时他还不会自己使用锯子和锤子），他在那些比他大几岁的男孩的带领下搭建树屋和堡垒。那些比他大几岁的男孩除了指导他如何搭建之外，还给他示范了很多更复杂的技能，这让初露头角的“小木工”罗布大胆地尝试了很多他自己不敢去尝试的东西，甚至在他真正知道如何做之前，就会去加以尝试（比如搭建墙壁）。

合作与学习

大量证据表明，与同伴合作能够促进学习。当与同伴合作时，孩子们在许多方面都能够取得更大的成就，包括计划能力、分类能力、身体运动预测能力、策略使用、因果归因以及回忆能力。在一系列的研究中，研究人员让一部分孩子独立地完成一些挑战任务，另一部分孩子与同伴一起合作完成任务。结果发现，与同伴一起合作完成的孩子在执行任务时表现出更高的参与度和乐趣，也显示出了更好的表现（Perlmutter，Behrend，Kuo，& Muller，1989；Samaha & De Lisi，2000；Underwood，Underwood，& Wood，2000）。在一项相关研究中，一部分孩子以两两结对的形式去完成一个需要通过计算机解决的问题解决任务，另一部分孩子独立去完成。结果显示，两两结对完成任务的孩子比独立完成任务的孩子表现更优异。同样，研究人员还发现，比起独立地完成任务，复杂的问题解决策略在合作情境中更容易实现。在参与合作的过程中，孩子们学会放弃他们天真的推理方法，转而学习更复杂的推理技巧（Moshman & Geil，1998）。

合作也能够提升儿童在未来独立完成任务中的表现，即使是进行一些完全不相关的任务。在一项研究中，研究人员让一群 3—5 岁的儿童完成一项困难的分类任务，结果发现，与母亲一起合作完成的孩子比没有进行合作的孩子（尽管他们得到了实验人员的纠正反馈）在随后进行完全不同的独立任务时表现得更出色（Freund，1990）。在类似的研究中，一群发展科学家要求七年级学生在完成困难的非语言推理问题的过程中进行休息，并在休息期间相互合作。结果显示，休息期间相互合作的学生比整个过程中独自解决问题的学生的分数要高得多（Samaha & De Lisi，2000）。此外，当 7—8 岁的孩子结对进行逻辑游戏训练时，他们在随后个人完成逻辑任务上的表现也更好（Light & Glachan，1985）。

结对工作有助于孩子掌握复杂的认知技能，比如，提出建议、做出推论、反驳同伴的建议，一旦学会了这些技能，孩子们便能永远掌握，并能帮助他们独立完成一些认知任务。在一组引人注目的实验研究中，5 岁的孩子被要求建造一个复杂的乐高玩具模型。根据孩子们搭建模型的技能，实验人员将他们分成了两个小组（专家组和新手组），然后，他们被要求从三种方式中选择一种方式来搭建乐高模型：独立完成、与技能水平相当的同伴一起搭建，或者与技能水平相反的同伴一起搭建。研究结果有力地证明，合作比独立工作更能促进学习。对于新手来说，当他们和一个专家型的合作伙伴一起搭建乐高模型以及在之后独自完成搭建任务时，都最大程度地促进了他们的学习（Azmitia，1988）。综上所述，大量的证据为维果茨基所倡导的与他人合作学习这一概念提供了清晰而有力的支持。

为什么合作能够促进个体的学习？研究人员假设，与他人一起合作能够为内在化（即将共同理解转化成自己的技能）提供机会。当我们内化知识时，我们既是表演者也是观察者。在合作过程中，儿童朝着共同的目标努力，因此他们必须不断地切换自己的想法，想象并预测他人以及他们自己的行动（Lawrence & Valsiner，1993；Tomasello et al.，1993；Vygotsky，1978）。

“我做的！”偏见

合作学习的一个有趣的负面影响是，合作中的幼儿往往会过度夸大他们自己在合作过程中所做的贡献。在一个共同参与的活动中，当孩子们被问到谁做了什么时，他们很可能会将同伴做的事情说成是自己做的，这一行为有时被称为“我做的！”偏见。研究表明，那些高估了自己对共同学习成果所做贡献（例如，用已有的零件搭建新玩具）的孩子，实际上比那些把功劳更多地归功于合作伙伴的孩子表现得更好（Foley，Passalacqua，& Ratner，1993；Foley & Ratner，1998；Foley，Ratner，& House，2002；Ratner，Foley，& Gimpert，2002）。更令人震惊的是，表现出“我做的！”偏见的孩子，不仅能立即更好地重新搭建玩具，并且在4个月后，他们在重新搭建玩具上也同样有出色的表现。“我做的！”这一偏见的强烈程度也能够预示孩子在单独重新搭建玩具时的准确性（Sommerville & Hammond，2007）。研究人员假设，“我做的！”偏见是向他人有效学习过程的一部分，它能够提高儿童接受他人行为的能力，这一过程也支持了研究人员对于儿童通过内化进行学习的这一假设。

人脑图谱研究证实了“我做的！”偏见。我们的大脑对已执行的动作和所感知的动作有重叠的神经回路（Chao & Martin，2000；Grafton，Arbib，Fadiga，& Rizzolatti，1996；Grèzes & Decety，2001；Hamzei et al.，2003；Hari et al.，1998）。这一结论在有关猕猴大脑运动控制中心（大脑中控制身体运动的部分）的研究中首次被记载。在最初的研究中，科学家们发现，当猕猴看到实验人员执行动作或它们自己执行动作时，它们的某些神经元会被激活，随后在成人、婴儿和儿童身上也发现了类似的系统（Bertenthal & Longo，2008；Falck-Ytter，Gredeback，& von Hofsten，2006；Fecteau et al.，2004；Hauf & Prinz，2005；Longo & Bertenthal，2006；Sommerville，Woodward，& Needham，2005）。通过所谓的镜像神经元，对他人动作的观察能够直接映射到该动作的运动表征上。当你被要求观察某人的动作从而做出相同的动作时，你的镜像神经元系统会被激活；当你通过模仿别人来学习新技能时，镜像神经元系统也会被激活。

对你的大脑来说，观看别人执行一个动作就跟自己执行该动作一样。也就是说，当你在合作时，你可以从自己的行动及合作伙伴的行动中学习。镜像神经元系统的存在，让我们可以在内化他人见解和行动的过程中去进行实践，从而为合作学习创造条件。当谈到镜像神经元时，没有个体自我的概念。我的镜像神经元会在虚拟现实模拟中接受你的观点，就像我在现实世界中观察你一样。镜像神经元可能是所有学习甚至我们整个人类文明的基础。加利福尼亚大学神经科学家 V. S. 拉马钱德兰（V. S. Ramachandran，2009）推测，镜像神经元的存在是人类特有的技能在过去 10 万年里突然出现的原因，这些技能包括了使用火和工具，当然还有语言。

根据发展科学的社会文化观点，真正的学习是通过合作实现的（Rogoff，1990；Vygotsky，1978）。我们的课堂不能再被看作知识从教师转移到学生的地方，因为参与合作交流和朝着共同的目标努力（与独立工作相比）能够极大地提高认知能力。混龄课堂能够为共同创造知识提供肥沃的土壤。通过合作，经验丰富的孩子可以有机会指导、组织和支持其他孩子的学习。与不同年龄的同伴一起合作学习，也能够让孩子们接触到新的问题解决策略、从不同的角度看待问题解决办法，以及评估自己的知识。然而，讽刺的是，这种最佳的学习模式可能只存在于过去那种只有一间教室的学校中。

小贴士

- 儿童在合作中所能做的比独立所能做的要多得多。
- 不同技能水平的儿童一起开展合作学习，能够极大地促进他们的认知发展。
- 合作能够提升儿童在未来独立完成任务中的表现，即使是做些不相关的任务。

- 儿童能够将共享知识转化为个人知识。
- 观察他人执行动作与自己执行动作具有相同的学习意义，这一学习既包含主观体验，也包含认知层面。

通过合作提升学生的课堂认知与行动

➢ 将独立学习转化为合作学习的机会

真正的合作就像摔跤一样，是共同解决问题。给学生机会共同参与一些传统的高风险任务（比如，写作任务、考试）可以有效地促进学习。与安静地学习相比，将想法大声地表达出来能够使学习更加高效、深入。与他人合作可以营造一个清晰表达和学习的氛围，使学习伙伴之间相互帮助、共同进步。协作课程也可以起到弱化分数和测试的作用，真正地促进学习的发生。作为教师，我们自己首先要能够打开思想，不要只关注学生的个人表现及成绩。

让学生两两结对进行测试。著名的斯坦福大学心理学家菲利普·津巴多（Philip Zimbardo）和他的同事最近在他们的心理学导论课上尝试了这个方法。他们将学生分成两组，并用同样的课程和教学方法教授了相关内容，唯一的区别是，一组学生以结对的形式进行了考试。结果很令人震惊，并对我们评价学生学习的教条主义提出了质疑。参加结对测试的学生在所有考试中的表现都要好得多，他们在不同测试中的分数也比较一致。此外，他们的考试态度也更积极：考试焦虑减少，自信心提高，也没有出现作弊行为。结对考试对学生的学习也产生了持久的影响，包括对所学课程和学科主题的兴趣增加。无论是对于自己选择学习伙伴的学生，还是被分配学习伙伴的学生，结对考试都对他们产生了同样的效果（Zimbardo，Butler，& Wolfe，2003）。

当然，让学生结对考试也能带来同样的积极效果。学生可以为了准备考试而一起完成课堂练习，一起学习，并了解彼此的长处。在考试当天，他们可以通过耳语悄悄地跟对方讨论解题策略，或者先各自答题，然后再一起检查并修改答题步骤。从理解知识和促进学生学习过程的角度而言（更不用说减少考试焦虑），这一策略都非常有效。

➢ **允许学生在他们的最近发展区内学习**

孩子们在第一次尝试新的思维和行为方式时，如果得到他人的支持与指导，就会转变成新的策略，这就是为什么发展科学家认为孩子们在真正懂得如何做一件事情之前就会去做的原因。维果茨基认为，当儿童与更有经验的同伴在最近发展区内一起开展合作学习时，他们学得最好。将学生与不同技能水平的伙伴结对，将有助于他们找到自己的最近发展区。在结对学习过程中，不论是经验丰富的学生还是经验不足的学生，他们的学习都能得到加强：经验丰富的学生在这一过程中必须学会如何解释和表达，以及根据经验不足学生的需要来调整任务；经验不足的学生将会看到自身经验的局限，并努力超越。两人都能通过合作极大地促进自身的学习。

让高年级学生与低年级学生结成学习伙伴。你可以将你班上的学生和同事班上的学生结对，让他们通过面对面、写信或者邮件的形式进行分享和比较。比如，在空闲时间，高年级的学生可以帮助低年级的学生辅导作业，或者尝试教他们一些将来学习中会出现的概念（我还记得在我六年级时，我教一年级的妹妹如何解答六年级的数学问题，她很轻松地便学会了。每天放学回到家，我会将当天在学校中学到的内容跟她分享，她迫不及待地想要学习，我也迫不及待地想要教她，我们两个成了彼此的学习伙伴）。学习伙伴之间也可以分享学习过程中的快乐和痛苦。可以让他们互相交谈，询问对方正在学习的主题；也可以问问对方最喜欢什么以及最不喜欢什么；如果让他们去设计课堂教学，哪些内容会被保留，哪些内容会被删除，以及为什么。这些问题都可以作为合作学习的一个开场白。辅导低年级的学生，对于高年级的学生来说，可以增强他们的自信心，而从高年级的学生那里得到关注，会激发低年级学生的好奇心。学习伙伴之间还可以互相提问，然后与更大的群体一起就提出的问题进行反思，再做出回答。合作是促使我们学习的一种有效方式，它能够将学生的学习推向新的水平。

结　语

科学对教育有很大的贡献。科学的核心是科学的方法，即通过精心设计的问题去探索未知，然后与之前的发现进行比较。科学家们通过设计巧妙的方法去研究一些复杂的问题并检验他们的想法。没有什么比注意、发掘或查明工作中的大脑的运转机制更令人兴奋的了，而在文献研究的基础上细致且系统地观察儿童的学习，可以引导我们提出更深入、更好的问题，从而进一步完善和发展我们的教学。

作为一个研究领域，发展科学探索出很多可以提高教学实践的发现，其中有些发现违反直觉、令人惊讶。学习是人类所具有的一个复杂而微妙的倾向，需要动机和注意力，深深地依赖于联系和记忆，并最终落实到认知和行动上。当下是一个不寻常的时代，因为关于人类大脑的新知识正以惊人的速度涌现。我们有机会去反思学习，去了解什么可以让儿童敞开心扉，什么会导致他们失去兴趣。如何从心智发展方面去指导和推动儿童的学习是本书的重点，这些方面包括：习惯化、自信、加入社区、自我调节、执行控制、模仿、情绪、元认知和合作等。作为教师，我们的工作就是把我们自己的观察与他人的发现结合起来，并利用它们来促进学生的学习。

根据目前的研究结果，我们认为，在儿童没有意识到和没有尝试的情况下，学习自然而然地发生。婴儿和儿童是最高效、最成功的学习者，吸收新的信息和想法对他们来说就像呼吸一样自然。他们不需要我们教他们怎么做，因为从出生之前开始，他们就一直在学习并取得了巨大的发展。随着儿童经验技能的增加，最好的学习来自他们对特定情境中大量刺激的兴趣、关注和选择。通过体验，他们学会了认识并理解自己所处的世界。

学习是一种社会行为，当儿童一起工作、互相帮助并对自己所做的事情加以反思时，学习效果最好。同时，学习还是了解并与他人交流、共同相处，找到欣赏和模仿对象的一个过程。学习也受情绪引导，情绪与儿童对身心健康和支持的整体感受有关。最好的学习包括自我表达、创造和有效沟通。最重要的是，学习要有趣。我们需要激发儿童，让他们去体验尝试，去敢于冒险和探索，去调动身心，去享受生活中的智力游乐场包括课堂所带来的乐趣。

但要想真正了解儿童是如何学习的，我认为我们需要模糊教与学之间的界限。作为教师，我们首先也是一名学习者，除了我们教学生之外，我们的学生也有同样多的东西可以教我们。如果我们能够一起探索并共同创造一种探究文化，我们就能重新创造出人类学习能够在数万年中毫不费力、不间断地出现所需的条件。

参考文献

Abbott, J. S. C. (1839). *The school-boy or a guide for youth to truth and duty.* Boston: Crocker and Brewster.

Ackoff, R. L., & Greenberg, D. (2008). *Turning learning right side up: Putting education back on track*. Philadelphia: Wharton School Publishing.

Acredolo, L. P. (1985). Coordinating perspectives on infant spatial orientation. In R. Cohen (Ed.), *The development of spatial cognition* (pp. 115–140). Hillsdale, NJ: Erlbaum.

Alaimo, K., Olson, C. M., & Frongillo, E. A. (2001). Food insufficiency and American school-aged children's cognitive, academic, and psychosocial development. *Pediatrics, 108*, 44–53.

Alloway, T. P., Gathercole, S. E., Adams, A. M., & Willis, C. S. (2005). Working memory and other cognitive skills as predictors of progress towards early learning goals at school entry. *British Journal of Developmental Psychology, 33*, 1–11.

Amabile, T. M., & Hennessey, B. A. (1992). The motivation for creativity in children. In T. Pittman & A. Boggiano (Eds.), *Achievement and motivation: A social developmental perspective* (pp. 54–74). New York: Cambridge University Press.

Anand, B. K., Chhina, G. S., & Singh, B. (1961). Some aspects of electroencephalographic studies in yogis. *Electroencephalography Clinical Neurophysiology, 13*, 452–456.

Andre, T., Mueller, C., Womack, S., Smid, K., & Tuttle, M. (1980). Adjunct questions facilitate later application, or do they? *Journal of Educational Psychology, 72*, 533–543.

Armbruster, B. B., McCarthey, S. J., & Cummins, S. (2005). Writing to learn in elementary classrooms. In R. Indrisano & J. R. Paratore (Eds.), *Learning to write, writing to learn: Theory and research in practice* (pp. 71–96). Newark, DE: International Reading Association.

Armstrong, T. (1997). *The myth of the A.D.D. child: 50 ways to improve your child's behavior and attention span without drugs, labels, or coercion*. New York: Plume.

Armstrong, T. (2009). *Multiple intelligences in the classroom* (3rd ed.). Alexandria, VA: ASCD.

Ashley, J., & Tomasello, M. (1998). Cooperative problem solving and teaching in preschoolers. *Social Development*, 7, 143–163.

Astington, J. W., & Pelletier, J. (1998). The language of mind: Its role in teaching and learning. In D. R. Olson & N. Torrance (Eds.), *The handbook of education and human development* (pp. 593–620). Malden, MA: Blackwell.

Ayres, J., & Hopf, T. S. (1990). Visualization: Is it more than extra-attention? *Communication Education, 38*, 1–5.

Azmitia, M. (1988). Peer interaction and problem-solving: When are two heads better than one? *Child Development, 59*, 87–96.

Baddeley, A.D. (1986). *Working memory*. Oxford: Oxford University Press.

Bakhtin, M. M. (1965). *Rabelais and his world* (H. Iswolsky, Trans.). Bloomington: Indiana University Press. (Original work published 1941)

Bakhtin, M. M. (1984). *Problems of Dostoevsky's poetics*. (C. Emerson, Ed. and Trans.). Minneapolis: University of Minnesota Press.

Baldwin, D. A., & Moses, L. J. (1996). The ontogeny of social information gathering. *Child Development, 67*, 1915–1939.

Barnett, L. A. (1984). Research note: Young children's resolution of distress through play. *Journal of Child Psychology and Psychiatry, 25*(3), 477–483.

Barnett, L. A., & Storm, B. (1981). Play, pleasure, and pain: The reduction of anxiety through play. *Leisure Sciences, 4*(2), 161–175.

Barr, R. (2008). Attention and learning from media during infancy and early childhood. In S. L. Calvert & B. J. Wilson (Eds.), *Blackwell handbook of child development and the media*. Oxford: Blackwell.

Barr, R., & Hayne, H. (1999). Developmental changes in imitation from television during infancy. *Child Development, 70*, 1067–1081.

Barr, R., & Hayne, H. (2000). Age-related changes in imitation: Implications for memory development. In C. Rovee-Collier, L. Lipsitt, & H. Hayne (Eds.), *Progress in infancy research* (Vol. 1, pp. 21–67). Mahwah, NJ: Erlbaum.

Barr, R., & Hayne, H. (2003). It's not what you know, it's who you know: Older siblings facilitate imitation during infancy. *International Journal of Early Years Education, 11*(1), 7–21.

Barr, R., Muentener, P., Garcia, A., Fujimoto, M., & Chavez, V. (2007). The effect of repetition on imitation from television during infancy. *Developmental Psychobiology, 49*, 196–207.

Barreto, E. D., Morris, B. H., Philbin, M. K., Gray, L. C., & Lasky, R .E. (2006). Do former preterm infants remember and respond to neonatal intensive care unit noise? *Early Human Development, 82*(11), 703–707.

Barry, Lynda. (2008). *What It Is*. Montreal, Canada: Drawn & Quarterly.

Bartzokis, G., Lu, P. H., Tingus, K., Mendez, M. F., Richard, A., Peters, D. G., Oluwadara, B., Barrall, K. A., Finn, J. P., Villablanca, P., Thompson, P. M., & Mintz, J. (2010). Lifespan trajectory of myelin integrity and maximum motor speed. *Neurobiology of Aging, 31*(9), 1554–1562.

Bauer, P. J. (1997). Development of memory in early childhood. In N. Cowan (Ed.), *The development of memory in childhood* (pp. 83–113). Hove, UK: Psychology Press.

Beghetto, R.A. (2008). Correlates of intellectual risk taking in elementary school science. *Journal of Research in Science Teaching, 46*(2), 210–223.

Bell, M. A., & Fox, N. A. (1992). The relations between frontal brain electrical activity and cognitive development during infancy. *Child Development, 63*, 1142–1163.

Bellflower, J. B. (2008). A case study on the perceived benefits of multiple intelligence instruction: Examining its impact on student learning. *Dissertation Abstracts International, 69*(3-A), 878.

Belt, T. (2008, January 21). Let the students teach. In *Tracie Belt's Blog*. Retrieved October 10, 2010, from: http://blog.discoveryeducation.com/traciebelt/2008/01/

Beran, M. K. (2004). In defense of memorization. *City Journal*. Retrieved November 20, 2010, from: http://www.city-journal.org/html/14_3_defense_memorization.html

Bereiter, C., & Scardamalia, M. (1989). Intentional learning as a goal of instruction. In L. B. Resnick (Ed.), *Knowing, learning, and instruction: Essays in honor of Robert Glaser* (pp. 361–392). Hillsdale, NJ: Erlbaum.

Berger, S. (2006, June). *Older siblings influence their younger siblings' motor development.*

Paper presented at the annual meeting of the XVth Biennial International Conference on Infant Studies, Westin Miyako, Kyoto, Japan.

Berlyne, D. E. (1960). *Conflict, arousal, and curiosity*. New York: McGraw-Hill.

Berns, G. S., Cohen, J. D., & Mintun, M. A. (1997). Brain regions responsive to novelty in the absence of awareness. *Science, 276*, 1272–1275.

Berry, C., Schmied, L. A., & Schrock, J. C. (2008). The role of emotion in teaching and learning history: A scholarship of teaching exploration. *The History Teacher, 41*(4), 437–452.

Bertenthal, B. I., & Longo, M. R. (2008). Motor knowledge and action understanding: A development perspective. In R. Klatzky, M. Behrmann, & B. MacWhinney (Eds.), *The Carnegie Symposium on Cognition*, Vol. 34: *Embodiment, ego space, action*. New York: Psychology Press.

Binnie, L. M. (2005). TOM goes to school: Theory of mind understanding and its link to schooling. *Educational and Child Psychology, 22*(4), 81–93.

Birch, S. A. J., Frampton, K. L., & Akmal, N. (2006, June). The medium is the message: How infants' sensitivity to nonverbal cues influences what they learn from others. Paper presented by S. A. J. Birch at the International Conference on Infant Studies (ICIS) in Kyoto, Japan.

Bjorklund, D. F. (2005). *Children's thinking: Cognitive development and individual differences* (4th ed.). Belmont, CA: Wadsworth.

Bjorklund, D. F. (2007). *Why youth is not wasted on the young: Immaturity in human development.* Malden, MA: Wiley-Blackwell.

Bjorklund, D. F. (in press). Cognitive development: An overview. In P. D. Zelazo (Ed.), *Oxford handbook of developmental psychology*. Oxford: Oxford University Press.

Bjorklund, D. F., Dukes, C., & Brown, R. D. (2009). The development of memory strategies. In M. L. Courage & N. Cowan (Eds.), *The development of memory in infancy and childhood* (pp. 145–175). Hove, UK: Psychology Press.

Bjorklund, D. F., Gaultney, J. F., & Green, B. L. (1993). "I watch, therefore I can do": The development of meta-imitation over the preschool years and the advantage of optimism in one's imitative skills. In M. L. Howe & R. Pasnak (Eds.), *Emerging themes in cognitive development* (Vol. 2, pp. 79–102). New York: Springer.

Bjorklund, D. F., & Harnishfeger, K. K. (1987). Developmental differences in the mental effort requirements for the use of an organizational strategy in free recall. *Journal of Experimental Child Psychology, 44*, 109–125.

Bjorklund, D. F., Muir-Broaddus, J. E., & Schneider, W. (1990). The role of knowledge in the development of strategies. In D. F. Bjorklund (Ed.), *Children's strategies: Contemporary views of cognitive development.* Hillsdale, NJ: Erlbaum.

Bjorklund, D. F., Periss, V., & Causey, K. (2009). The benefits of youth. *European Journal of Developmental Psychology, 6*(1), 120–137.

Blair, C., & Razza, R. A. (2007). Relating effortful control, executive function, and false belief understanding to emerging math and literacy ability in kindergarten. *Child Development, 78,* 647–663.

Blakemore, S. J., & Frith, C. D. (2005). *The learning brain: Lessons for education*. Malden, MA: Blackwell.

Blewitt, P., Rump, K. M., Shealy, S. E., & Cook, S. A. (2009). Shared book reading: When and how questions affect young children's word learning. *Journal of Educational Psychology, 101*(2), 294–304.

Bloom, E., & Heath, N. (2010). Recognition, expression, and understanding facial expressions of emotion in adolescents with nonverbal and general learning disabilities. *Journal of Learning Disabilities, 43*(2), 180–192.

Blues Classroom. (2003). The Blues Teacher's Guide: Men, woman and the blues. Vulcan Productions, Inc. Retrieved November 3, 2011, from http://www.pbs.org/theblues/classroom/intmenwomen.html

Bono, M., & Stifter, C. (2003). Maternal attention-directing strategies and infant focused attention during problem solving. *Infancy, 4,* 235–250.

Bornstein, M. H., DiPietro, J. A., Hahn, C., Painter, K., Haynes, O. M., & Costigan, K. A. (2002). Prenatal cardiac function and postnatal cognitive development: An exploratory study. *Infancy, 3*(4), 475–494.

Bower, A., & King, W. (1967). The effect of number of irrelevant stimulus dimensions, verbalization, and sex on learning biconditional classification rules. *Psychonomic Science, 8,* 453–454.

Bower, G. H. (1970). Imagery as a relational organizer in associative learning. *Journal of Verbal Learning and Verbal Behavior, 9,* 529–533.

Boyatzis, C., & Satyaprasad, C. (1994). Children's facial and gestural decoding and encoding: Relations between skills and with popularity. *Journal of Nonverbal Behavior, 18,* 37–55.

Brackbill, Y. (1973). Continuous stimulation reduces arousal level stability of the effect over time. *Child Development, 44,* 43–46.

Bradley, M. M., & Lang, P. J. (1994). Measuring emotion: The self-assessment manikin and the semantic differential. *Journal of Behavioral Therapy and Experimental Psychiatry, 25*(1), 49–59.

Brand, S., Reimer, T., & Opwis, K. (2007). How do we learn in a negative mood? Effects of a negative mood on transfer and learning. *Learning and Instruction, 17,* 1–16.

Bransford, J., Derry, S., Berliner, D., Hammerness, K., & Beckett, K.L. (2007). Theories of learning and their roles in teaching. In L. Darling-Hammond & J. Bransford (Eds.), *Preparing teachers for a changing world: What teachers should learn and be able to do.* San Francisco: Jossey-Bass.

Bransford, J. D., Barron, B., Pea, R. D., Meltzoff, A., Kuhl, P., Bell, P., Stevens, R., Schwartz, D. L., Vye, N., Reeves, B., Roschelle, J., & Sabelli, N. H. (2006). Foundations and opportunities for an interdisciplinary science of learning. In R. K. Sawyer (Ed.), *The Cambridge handbook of the learning sciences* (pp. 19–34). Cambridge: Cambridge University Press.

Bransford, J. D., & Stein, B. S. (1984). *The IDEAL problem solver.* New York: Freeman.

Brefczynski-Lewis, J. A., Lutz, A., Schaefer, H. S., Levinson, D. B., & Davidson, R. J. (2007). Neural correlates of attentional expertise in long-term meditation practitioners. *Proceedings of the National Academy of Sciences, 104*(27), 11483–11488.

Broaders, S. C., Wagner Cook, S., Mitchell, Z., & Goldin-Meadow, S. (2007). Making children gesture brings out implicit knowledge and leads to learning. *Journal of Experimental Psychology: General, 136*(4), 539–550.

Bronson, M. B. (2000). *Self-regulation in early childhood.* New York: Guilford Press.

Brown, J. S., Collins, A., & Duguid, P. (1989). Situated cognition and the culture of learning. *Educational Researcher, 18*(1), 32–42.

Bruce, T. (2005). *Early childhood education.* London: Hodder Education.

Bryan, T., Mathur, S., & Sullivan, K. (1996). The impact of positive mood on learning. *Learning Disability Quarterly, 19,* 153–162.

Buck, S. M., Hillman, C. H., & Castelli, D. M. (2008). The relation of aerobic fitness to Stroop Task performance in preadolescent children. *Medicine & Science in Sports & Exercise, 40,* 166–172.

Buckner, J. C., Mezzacappa, E., & Beardslee, W. R. (2003). Characteristics of resilient youths living in poverty: The role of self-regulatory processes. *Development and Psychopathology, 15,* 139–162.

Buddhaghosa. (1979). *The path of purification* (B. Nanamoli, Trans.). Kandy, Sri Lanka: Buddhist Publication Society.

Bunge, S. A., Dudukovic, N. M., Thomason, M. E., Vaidya, C. J., & Gabrieli, J. D. E. (2002). Immature frontal lobe contributions to cognitive control in children: Evidence from fMRI. *Neuron, 33,* 301–311.

Burdette, H. L., & Whitaker, R. C. (2005). Resurrecting free play in young children: Looking beyond fitness and fatness to attention, affiliation, and affect. *Archives of Pediatric & Adolescent Medicine, 159*, 46–50.

Butler, A. C., & Roediger, H. L. (2007). Testing improves long-term retention in a simulated classroom setting. *European Journal of Cognitive Psychology, 19*, 514–527.

Cahill, L., Babinsky, R., Markowitsch, H. J., & McGaugh, J. L. (1995). The amygdala and emotional memory. *Nature, 377*(6547), 295–296.

Caine, R., & Caine, G. (1990). Understanding a brain-based approach to learning and teaching. *Educational Leadership, 48*(2), 66–70.

Caine, R., & Caine, G. (1994). *Making connections: Teaching and the human brain*. Menlo Park, CA: Addison-Wesley.

California Department of Education. (2005, April). California physical fitness test: A study of the relationship between physical fitness and academic achievement in California using 2004 test results. Retrieved April 6, 2011, from www.cde.ca.gov/ta/tg/pf/documents/2004pftresults.doc

Calkins, S. D., & Johnson, M. C. (1998). Toddler regulation of distress to frustrating events: Temperamental and maternal correlates. *Infant Behavior and Development, 21*, 379–395.

Callanan, M. A., & Oakes, L. M. (1992). Preschoolers' questions and parents' explanations: Causal thinking in everyday activity. *Cognitive Development, 7*, 213–233.

Callender A. A., & McDaniel, M. A. (2009). The limited benefits of rereading educational texts. *Contemporary Educational Psychology, 34*, 30–41.

Campos, J. J. (1983). The importance of affective communication in social referencing: A commentary on Feinman. *Merrill-Palmer Quarterly, 29*, 83–87.

Campos, J. J., Anderson, D. I., Barbu-Roth, M. A., Hubbard, E. M., Hertenstein, M. J., & Witherington, D. (2000). Travel broadens the mind. *Infancy, 1*(2), 149–219.

Campos, J. J., Kermoian, R., & Zumbahlen, M. R. (1992). Socioemotional transformations in the family system following infant crawling onset. In N. Eisenberg & R. A. Fabes (Eds.), *Emotion and its regulation in early development* (pp. 25–40). San Francisco: Jossey-Bass.

Cardillo, J. (2009). *Can I have your attention? How to think fast, find your focus, and sharpen your concentration*. Pompton Plains, NJ: Career Press.

Carpenter, M. (2006). Instrumental, social, and shared goals and intentions in imitation. In S. J. Rogers & J. H. G. Williams (Eds.), *Imitation and the social mind: Autism and typical development* (pp. 48–70). New York: Guilford Press.

Carpenter, M., Nagell, K., & Tomasello, M. (1998). Social cognition, joint attention, and communicative competence from 9 to 15 months of age. *Monographs of the Society for Research in Child Development, 63*(4), 176.

Carpenter, M., & Nielsen, M. (2008). Tools, TV, and trust: Introduction to the special issue on imitation in typically-developing children. *Journal of Experimental Child Psychology, 101*, 225–227.

Casler, K., & Kelemen, D. (2005). Young children's rapid learning about artifact functions. *Developmental Science, 8*(6), 472–480.

Castelli, D. M., Hillman, C. H., Buck, S. M., & Erwin, H. E. (2007). Physical fitness and academic achievement in third- and fifth-grade students. *Journal of Sport and Exercise Psychology, 29*, 239–252.

Ceci, S. J., Loftus, E. F., Leichtman, M. D., & Bruck, M. (1994). The possible role of source misattribution in the creation of false beliefs among preschoolers. *International Journal of Clinical and Experimental Hypnosis, 42*, 304–320.

Centers for Disease Control and Prevention, FastStats: Attention deficit hyperactivity disorder (ADHD). (2010). Retrieved December 20, 2010, from http://www.cdc.gov/nchs/fastats/adhd.htm

Chao, L., L., & Martin, A. (2000). Representation of manipulable manmade objects in the

dorsal stream. *NeuroImage, 12*, 478–484.
Cheyne, J. A., & Rubin, K. H. (1983). Playful precursors of problem solving in preschoolers. *Developmental Psychology, 19*(4), 577–584.
Chi, M., Bassok, M., Lewis, M., Reimann, P., & Glaser, P. (1989). Self-explanation: How students study and use examples in learning to solve problems. *Cognitive Science, 13*, 145–182.
Chi, M. T. H. (1978). Knowledge structure and memory development. In R. Siegler (Ed.), *Children's thinking: What develops?* (pp. 73–96). Hillsdale, NJ: Erlbaum.
Chi, M. T. H., & Koeske, R. D. (1983). Network representation of a child's dinosaur knowledge. *Developmental Psychology, 19*, 29–39.
Chodzko-Zajko, W. J., & Moore, K. A. (1994). Physical fitness and cognitive functioning in aging. *Exercise and Sport Sciences Reviews, 22*, 195–220.
Chorzempa, B. F., & Lapidus, L. (2009). To find yourself, think for yourself. *Teaching Exceptional Children, 41*(3), 54–59.
Choudhury, N., & Gorman K. (2000). The relationship between attention and problem solving in 17–24 month old children. *Infancy and Child Development, 9*, 127–146.
Christakis, D. A., Zimmerman, F. J., & Garrison, M. M. (2007). Effect of block play on language acquisition and attention in toddlers: A pilot randomized controlled trial. *Archives of Pediatric & Adolescent Medicine, 161*(10), 967–971.
Cimpian, A., Arce, H. M., Markman, E. M., & Dweck, C. S. (2007). Subtle linguistic cues affect children's motivation. *Psychological Science, 18*(4), 314-316.
Clément, F., Koenig, M., & Harris, P. (2004). The ontogenesis of trust. *Mind & Language, 19*(4), 360–379.
Cole, P. M., Michel, M., & O'Donnell-Teti, L. (1994). The development of emotion regulation and dysregulation: A clinical perspective. In N. A. Fox (Ed.), The development of emotion regulation. *Monographs of the Society for Research in Child Development, 59*, 73–100.
Colombo, J., Mitchell, D. W., Dodd, J., Coldren, J. T., & Horowitz, F. D. (1989). Longitudinal correlates of infant attention in the paired comparison paradigm. *Intelligence, 13*, 33–42.
Cooper, R. P., & Aslin, R. N. (1990). Preference for infant-directed speech in the first month after birth. *Child Development, 61*, 1584–1595.
Cornett, C. E. (1986). *Learning through laughter: Humor in the classroom*. Bloomington, IN: Phi Delta Kappa Educational Foundation.
Corriveau, K. H., Pasquini, E. S., & Harris, P. L. (2006, May). Preschoolers use past accuracy and familiarity in deciding whom to trust as an informant. Presentation at the Annual Meeting of the Association for Psychological Science, New York, NY.
Cosner, R. L. (1959). Some social functions of laughter: A study of humor in a hospital setting. *Human Relations, 12*(2), 171–182.
Courage, M. L., & Cowan, N. (Eds.). (2009). *The development of memory in infancy and childhood*. Hove, UK: Psychology Press.
Courchesne, E., & Pierce, K. (2005). Brain overgrowth in autism during a critical time in development: Implications for frontal pyramidal neuron and interneuron development and connectivity. *International Journal of Developmental Neuroscience, 23*, 153–170.
Cowan, N. (Ed.). (1998). *The development of memory in childhood.* Hove, UK: Psychology Press.
Csikszentmihalyi, M. (1997a). *Creativity: Flow and the psychology of discovery and invention*. New York: HarperPerennial.
Csikszentmihalyi, M. (1997b). Flow and education. *The NAMTA Journal, 22*(2), 2–35.
Csikszentmihalyi, M., & Csikszentmihalyi, I. (1992). *Optimal experience: Psychological studies of flow in consciousness*. Cambridge: Cambridge University Press.

Cycowicz, Y. M. (2000). Memory development and event-related brain potentials in children. *Biological Psychology, 54*, 145–174.

Czajka, C. W. (2004). Elementary lesson plan 1: Criminal or hero. In *Slavery and the making of America*. Retrieved February 15, 2010, from http://www.pbs.org/wnet/slavery/teachers/lesson1.html

Dalke, D. E. (1995). Explaining young children's difficulty on the false belief task: Representational deficits or context-sensitive knowledge? *British Journal of Developmental Psychology, 13*, 209–222.

Daloz, L. A. (1999). *Mentor*. San Francisco: Jossey-Bass.

Daneman, M., & Carpenter, P. A. (1980). Individual differences in working memory and reading. *Journal of Verbal Learning and Verbal Behavior, 19*(4), 450–466.

Dansky, J. L., & Silverman, I. W. (1973). Effects of play on associative fluency in preschool-aged children. *Developmental Psychology, 9*(1), 38–43.

Deci, E. (1972). Intrinsic motivation, extrinsic reinforcement, and inequity. *Journal of Personality and Social Psychology, 22*(1), 113–120.

Deese, J. (1959). Influence of interitem associative strength upon immediate free recall. *Psychological Reports, 5*, 235–241.

DeLoache, J. S. (2000). Dual representation and young children's use of scale models. *Child Development, 71*, 329–338.

DeLoache, J. S., Cassidy, D. J., & Brown, A. L. (1985). Precursors of mnemonic strategies in very young children's memory. *Child Development, 56*(1), 125–137.

de Manzano, Ö., Theorell, T., Harmat, L., & Ullén, F. (2010). The psychophysiology of flow during piano playing. *Emotion, 10*(3), 301–311.

DeMarie, D., Miller, P. H., Ferron, J., & Cunningham, W. R. (2004). Path analysis tests of theoretical models of children's memory performance. *Journal of Cognition and Development, 5*, 461–492.

Denham, S. A. (1986), Social cognition, prosocial behavior, and emotion in preschoolers: Contextual validation. *Child Development, 57*, 194–201.

Denham, S. A., Blair, K. A., DeMulder, E., Levitas, J., Sawyer, K., Auerbach-Major, S., & Queenan, P. (2003). Preschool emotional competence: Pathway to social competence. *Child Development, 74*, 238–256.

Deniz, H. (2009, April). *Examination of changes in prospective elementary teachers' epistemological beliefs in science and exploration of factors meditating the change*. Paper presented at the Annual Meeting of American Educational Research Association, San Diego, CA.

Deocampo, J. A., & Hudson, J. A. (2005). When seeing is not believing: Two-year-olds' use of video representations to find a hidden toy. *Journal of Cognition and Development, 6*, 229–258.

Derscheid, L. E., Kwon, Y.-H., & Fang, S.-R. (1996). Preschoolers' socialization as consumers of clothing and recognition of symbolism. *Perceptual and Motor Skills, 82*, 1171–1181.

Diamond, A. (1995). Evidence of robust recognition memory early in life even when assessed by reaching behavior. *Journal of Experimental Child Psychology. Special issue: Early Memory, 59*(3), 419–456.

Díaz, R. M., & Berk, L. E. (1992). *Private speech: From social interaction to self-regulation.* Hillsdale, NJ: Erlbaum.

DiPerna, J. C., Lei, P., & Reid, E. L. (2007). Kindergarten predictors of mathematical growth in the primary grades: An investigation using the early childhood longitudinal study—kindergarten cohort. *Journal of Educational Psychology, 99*, 369–379.

Dirix, C. E. H., Nijhuis, J. G., Jongsma, H. W., & Hornstra, G. (2009). Aspects of fetal learning and memory. *Child Development, 80*(4), 1251–1258.

Dixon, W. E., & Smith, P. H. (2008). Attentional focus moderates habituation-language relationships: Slow habituation may be a good thing. *Infant and Child Development,*

17(2), 95–108.
Dockett, K. A. (1997, April). *Young children's peer popularity and theories of mind.* Paper presented at the biennial meeting of the Society for Research in Child Development, Washington, DC.
Dodge, K. A. (1993). Social-cognitive mechanisms in the development of conduct disorder and depression. *Annual Review of Psychology, 44,* 559–584.
Doidge, N. (2007). *The brain that changes itself: Stories of personal triumph from the frontiers of brain science.* New York: Viking.
Doolittle, P. E. (1995, June). *Understanding cooperative learning through Vygotsky's zone of proximal development.* Paper presented at the Lilly National Conference on Excellence in College Teaching, Columbia, SC.
Douglas, O., Burton, K. S., & Reese-Durham, N. (2008). The effects of the multiple intelligence teaching strategy on the academic achievement of eighth grade math students. *Journal of Instructional Psychology, 35*(2), 182–187.
Drake, K. N., & Long, D. (2009). Rebecca's in the dark: A comparative study of problem-based learning and direct instruction/experiential learning in two 4th-grade classrooms. *Journal of Elementary Science Education, 21*(1), 1–16.
Dugatkin, L. A., & Rodrigues, S. (2008, Spring). Games animals play: Animal play is serious business, say scientists. *Greater Good Magazine, 4*(4). Retrieved May 30, 2009, from http://greatergood.berkeley.edu/article/item/games_animals.play/
Dunn, J., Brown, J., Slomkowski, C., Tesla, C., & Youngblade, L. (1991). Young children's understanding of other people's feelings and beliefs: Individual differences and their antecedents. *Child Development, 62,* 1352–1366.
Dweck, C. S. (1999). *Self-theories.* Philadelphia: Psychology Press.
Dwyer, T., Sallis, J. F., Blizzard, L., Lazarus, R., & Dean, K. (2001). Relation of academic performance to physical activity and fitness in children. *Pediatric Exercise Science, 13,* 225–237.
Ebbinghaus, H. (1913). *Memory: A contribution to experimental psychology* (H. A. Ruger & C. E. Bussenius, Trans.). New York: Teachers College Press, Columbia University. (Original work published 1885)
Egertson, H. (2003). *The shifting kindergarten curriculum.* ERIC Clearinghouse on Elementary and Early Childhood Education, 1–4.
Einon, D. F., & Morgan, M. J. (1977). A critical period for social isolation in the rat. *Developmental Psychobiology, 10,* 123–132.
Einon, D. F., Morgan, M. J., & Kibbler, C. C. (1978). Brief periods of socialization and later behavior in the rat. *Developmental Psychobiology, 11,* 213–225.
Ellis, S., & Gauvain, M. (1992). Cultural influences on children's collaborative interactions. In L. T. Winegar & J. Valsiner (Eds.), *Children's development within social context.* Hillsdale, NJ: Erlbaum.
Ericsson, K. A., Krampe, R. T., & Tesch-Romer, C. (1993). The role of deliberate practice in the acquisition of expert performance. *Psychological Review, 100,* 363–406.
Erlaur, L. (2003). *The brain compatible classroom: Using what we know about learning to improve teaching.* Alexandria, VA: ASCD.
Etnier, J. L., Nowell, P. M., Landers, D. M., & Sibley, B. A. (2006). A meta-regression to examine the relationship between aerobic fitness and cognitive performance. *Brain Research Reviews, 52,* 119–130.
Evans, R.L. (2007). *Every good boy deserves fudge: The book of mnemonic devices.* New York: Penguin.
Fagan, J. F., & Knevel, C. (1989, April). *The prediction of above-average intelligence from infancy.* Paper presented at the meeting of the Society for Research on Child Development, Kansas City, MO.
Falck-Ytter, T., Gredeback, G., & von Hofsten, C. (2006). Infants predict other people's action goals. *Nature Neuroscience, 9,* 878–879.

Fecteau, S., Carmant, L., Tremblay, C., Robert, M., Bouthillier, A., & Theoret, H. (2004). A motor resonance mechanism in children? Evidence from subdural electrodes in a 36-month-old child. *NeuroReport, 15*, 2625–2627.

Feito, J. (2007). Allowing not knowing in a dialogic discussion. *International Journal for the Scholarship of Teaching and Learning, 1*(1). Retrieved August 8, 2009, from http://academics.georgiasouthern.edu/ijsotl/v1n1/feito/ij_feito.htm

Feldman, R. (2004). Mother-infant skin-to-skin contact and the development of emotion regulation. *Advances in Psychology Research, 27,* 113–131.

Feldman, R., & Eidelman, A. I. (2003). Skin-to-skin contact (Kangaroo Care) accelerates autonomic and neurobehavioural maturation in preterm infants. *Developmental Medicine Child Neurology, 45*(4), 274–281.

Feldman, R., Eidelman, A. I., Sirota, L., & Weller, A., (2002). Comparison of skin-to-skin (*kangaroo*) and traditional *care*: parenting outcomes and preterm infant development. *Pediatrics, 110*(1), 16.

Fernald, A. (1989). Intonation and communicative intent in mothers' speech to infants: Is the melody the message? *Child Development, 60,* 1497–1510.

Fernald, A., & Kuhl, P. (1987). Acoustic determinants of infant preference for motherese speech. *Infant Behavior and Development, 10*, 279–293.

Fiese, B. H. (1990). Playful relationships: A contextual analysis of mother-toddler interaction and symbolic play. *Child Development, 61*(5), 1648–1656.

Fifer, W. P., & Moon, C. M. (1995). The effects of fetal experience with sound. In J. P Lecanuet, W. P. Fifer, N. A. Krasnegor, & W. P. Smotherman (Eds.), *Fetal development: A psychobiological perspective* (pp. 351–366). Hillsdale, NJ: Erlbaum.

Finkel, D. L. (2000). *Teaching with your mouth shut.* Portsmouth, NH: Boynton/Cook.

Fivush, R. (1994). Constructing narrative, emotion and self in parent-child conversations about the past. In U. Neisser & R. Fivush (Eds.), *The remembering self: Construction and accuracy in the self-narrative* (pp. 136–157). New York: Cambridge University Press.

Fivush, R. (2000). Accuracy, authorship and voice: Feminist approaches to autobiographical memory. In P. Miller & E. Scholnick (Eds.), *Towards a feminist developmental psychology* (pp. 85–106). New York: Cambridge University Press.

Fivush, R., Hammond, N. R., Harsch, N. Singer, N., & Wolf, A. (1991). Content and consistency in early autobiographical recall. *Discourse Processes, 14*, 373–388.

Fivush, R., & Shukat, J. (1995). Content, consistency, and coherence of early autobiographical recall. In M. S. Zaragoza, J. R. Graham, G. C. N. Hall, R. Hirschman, & Y. S. Ben-Porath (Eds.), *Memory and testimony in the child witness* (pp. 5–23). Thousand Oaks, CA: Sage.

Flavell, J. H. (1999). Cognitive development: Children's knowledge about the mind. *Annual Review of Psychology, 50,* 21–45.

Flavell, J. H., Beach, D. R., & Chinsky, J. M. (1966). Spontaneous verbal rehearsal in a memory task as a function of age. *Child Development, 37*, 283–299.

Flavell, J. H., Green, F. L., & Flavell, E. R. (1995). Young children's knowledge about thinking. *Monographs of the Society for Research in Child Development, 60*(1, Series No. 243).

Foley, M. A., Passalacqua, C., & Ratner, H. H. (1993). Appropriating the actions of another: Implications for children's learning and memory. *Cognitive Development, 8*, 373–401.

Foley, M. A., & Ratner, H. H. (1998). Children's recoding in memory for collaboration: A way of learning from others. *Cognitive Development, 13*, 91–108.

Foley, M. A., Ratner, H. H., & House, A. T. (2002). Anticipation and source-monitoring errors: Children's memory for collaborative activity. *Journal of Cognition and Development, 3*, 385–414.

Freeman, W. J. (1991). The physiology of perception. *Scientific American, 264*(2), 78–85.

Freire, P. (1970). *Pedagogy of the oppressed* (M. B. Ramos, Trans.). New York: Continuum.

Freund, L. S. (1990). Maternal regulation of children's problem-solving behavior and its impact on children's performance. *Child Development, 61*, 113–126.

Frye, D., & Wang, Z. (2008). Theory of mind, understanding teaching and early childhood education. In S. K. Thurman & C. A. Fiorello (Eds.), *Applied cognitive research in K–3 classrooms* (pp. 41–83). New York: Routledge.

Gagnon, R., Hunse, C., Carmichael, L., Fellows, F., & Patrick, J. (1987). Human fetal responses to vibratory acoustic stimulation from 26 weeks to term. *American Journal of Obstetrics and Gynecology, 157*, 1375–1381.

Gardner, F. (2001). Social work students and self-awareness: How does it happen? *Reflective Practice, 2*(1), 27–40.

Gardner, H. (1993). *Multiple intelligences: The theory in practice*. New York: Basic Books.

Garth, M. (1991). *Starbright: A book of meditations for children*. New York: HarperOne.

Gathercole, S. E., & Alloway, T. P. (2008a). Working memory and classroom learning. In S. K. Thurman & C. A. Fiorello (Eds.), *Applied cognitive research in K–3 classrooms* (pp. 17–40). New York: Routledge.

Gathercole, S. E., & Alloway, T. P. (2008b). *Working memory and learning: A practical guide*. London: Sage.

Gathercole, S. E., Durling, E., Evans, M., Jeffcock, S., & Stone, S. (2008). Working memory abilities and children's performance in laboratory analogues of classroom activities. *Applied Cognitive Psychology, 22*, 1019–1037.

Gathercole, S. E., Lamont, E., & Alloway, T. P. (2006). Working memory in the classroom. In S. Pickering (Ed.), *Working memory and education* (pp. 219–240). Atlanta: Elsevier Press.

Gathercole, S. M., Brown, L., & Pickering, S. J. (2003). Working memory assessments at school entry as longitudinal predictors of National Curriculum attainment levels. *Educational and Child Psychology, 20*, 109–122.

Gathercole, S. M., & Pickering, S. J. (2000). Working memory deficits in children with low achievements in the National Curriculum at 7 years of age. *British Journal of Educational Psychology, 70*, 177–194.

Gathercole, S. M., Pickering, S. J., Knight, C., & Stegmann, Z. (2003). Working memory skills and educational attainment: Evidence from National Curriculum assessments at 7 and 14 years of age. *Applied Cognitive Psychology, 17*, 1–16.

Geary, D. C., Hoard, M. K., Byrd-Craven, J., & DeSoto, M. C. (2004). Strategy choices in simple and complex addition: Contributions of working memory and counting knowledge for children with mathematical disability. *Journal of Experimental Child Psychology, 88*, 121–151.

Gellevij, M., van der Meij, H., de Jong, T., & Pieters, J. (2002). Multimodal versus unimodal instruction in a complex learning context. *Journal of Experimental Education, 70*(3), 215–239.

George, J., & Greenfield, D. B. (2005). Examination of a structured problem-solving flexibility task for assessing approaches to learning in young children: Relation to teacher ratings and children's achievement. *Applied Developmental Psychology, 26*(1), 69–84.

Gergely, G., Bekkering, H., & Király, I. (2002). Rational imitation of goal-directed actions. *Nature, 415*, 755.

Gergely, G., Egyed, K., & Kiraly, I. (2007). On pedagogy. *Developmental Science, 10*, 139–146.

Gerner, M. (1981). The brain and behavior: Casting light into the "black-box." *Psychological Reports, 49*, 511–518.

Gibbs, J., Rankin, C., & Ronzone, P. (2006). *Reaching all by creating tribes learning communities.* Windsor, CA: CenterSource Systems.

Ginsburg, K. R., & The Committee on Communications and The Committee on Psychosocial Aspects of Child and Family Health Guidance for the Clinician in Rendering Pediatric Care. (2007). *American Academy of Pediatrics clinical report: The importance of play in promoting healthy child development and maintaining strong parent-child*

bonds. Retrieved February 21, 2012, from http://www2.aap.org/pressroom/playfinal.pdf
Glenberg, A. M. (1997). What memory is for. *Behavioral and Brain Sciences, 20*, 1–55.
Godden, D. R., & Baddeley, A. D. (1975). Context-dependent memory in two natural environments: On land and under water. *British Journal of Psychology, 66*(3), 325–331.
Goldberg, E. (2002). *The executive brain: Frontal lobes and the civilized mind*. New York: Oxford University Press.
Goldish, M. (2006). *Memory-boosting mnemonic songs for content area learning*. New York: Scholastic.
Gopnik, A., & Astington, J. W. (1988). Children's understanding of representational change and its relation to the understanding of false belief and the appearance-reality distinction. *Child Development, 59*, 26–37.
Gopnik, A., Meltzoff, A., & Kuhl, P. (1999). *The scientist in the crib: What early learning tells us about the mind*. New York: Harper.
Gordon, P. R., Rogers, A. M., Comfort, M., Gavula, N., & McGee, B. P. (2001). A taste of problem-based learning increases achievement of urban minority middle school students. *Educational Horizons, 79*(4), 171–175.
Goswami, U. (2004). *Blackwell handbook of childhood cognitive development*. Oxford: Blackwell.
Grafton, S. T., Arbib, M. A., Fadiga, L., & Rizzolatti, G. (1996). Localization of grasp representations in humans by positron emission tomography. *Experimental Brain Research, 112*, 103–111.
Gray, P. (2009, January 1). The value of play IV: Play is nature's way of teaching us new skills. In *Freedom to learn: The roles of play and curiosity as foundations for learning*. Psychology Today Blog. Retrieved May 30, 2009, from http://www.psychologytoday.com/blog/freedom-learn/200901/the-value-play-iv-play-is-nature-s-way-teaching-us-new-skills
Gredlein, J. M., & Bjorklund, D. F. (2005). Sex differences in young children's use of tools in a problem-solving task: The role of object-oriented play. *Human Nature, 16*, 97–118.
Grèzes, J., & Decety, J. (2001). Functional anatomy of execution, mental simulation, observation, and verb generation of actions: A meta-analysis. *Human Brain Mapping, 12*, 1–19.
Griss, S. (1994). Creative movement: A physical language for learning. *Educational Leadership, 51*, 78–80.
Grolnick, W., Frodi, A., & Bridges, L. (1984). Maternal control style and the mastery motivation of 1-year-olds. *Infant Mental Health Journal, 5*, 72–82.
Gross, J., Hayne, H., Perkins, N., & McDonald, B. (2006). *Amount of crawling and walking experience has varying effects on cognitive development during infancy*. Paper presented at the annual meeting of the XVth Biennial International Conference on Infant Studies, Westin Miyako, Kyoto, Japan. Retrieved March 14, 2011, from http://www.allacademic.com/meta/p94676_index.html
Haden, C. A., Ornstein, P. A., Eckerman, C. O., & Didow, S. M. (2001). Mother-child conversational interactions as events unfold: Linkages to subsequent remembering. *Child Development, 72*, 1016–1031.
Hamilton, R. J. (1985). A framework for the evaluation of the effectiveness of adjunct questions and objectives. *Review of Educational Research, 55*, 47–85.
Hamzei, F., Rijntjes, M., Dettmers, C., Glauche, V., Weiller, C., & Buchel, C. (2003). The human action recognition system and its relationship to Broca's area: An fMRI study. *NeuroImage, 19*, 637–644.
Hand, B., & Prain, V. (2002). Teachers implementing writing-to-learn strategies in junior secondary science: A case study. *Science Education, 86*(6), 737–755.
Hari, R., Forss, N., Avikainen, S. Kirveskari, E., Salenius, S., & Rizzolatti, G. (1998). Activation of human primary motor cortex during action observation: A neuromagnetic study. *Proceedings of the National Academy of Sciences, 95*, 15061–15065.
Harris, P. L. (2007). Trust. *Developmental Science, 10*, 135–138.

Harrison, L. J., Manocha, R., & Rubia, K. (2004). Sahaja yoga meditation as a family treatment programme for children with attention deficit-hyperactivity disorder. *Clinical Child Psychology and Psychiatry, 9*(4), 479–497.

Hauf, P., & Prinz, W. (2005). The understanding of own and others' actions during infancy: "You-like-me" or "Me-like-you." *Interaction Studies, 6*, 429–445.

Hayne, H., Greco, C., Earley, L.,Griesler, P., & Rovee-Collier, C. (1986). Ontogeny of early event memory: Encoding and retrieval by 2- and 3-month-olds. *Infant Behavior and Development, 9*, 461–472.

Hayne, H., Herbert, J., & Simcock, G. (2003). Imitation from television by 24- and 30-month-olds. *Developmental Science, 6*, 254–261.

Hayne, H., & Simcock, G. (2009). Memory development in toddlers. In M. L. Courage & N. Cowan (Eds.), *The development of memory in infancy and childhood*. New York: Psychology Press.

Haynes, J., Burts, D. C., Dukes, A., & Cloud, R. (1993). Consumer socialization of preschoolers and kindergartners as related to clothing consumption. *Psychology & Marketing, 10*, 151–166.

Hedegaard, M. (2003a). Children's learning through participation in institutional practice: A model from the perspective of cultural-historical psychology. In B. Van Oers, E. Elbers, W. Wardekker, & R. Van Der Veer (Eds.), *The transformation of learning: Advances in cultural-historical activity theory* (pp. 294–318). New York: Cambridge University Press.

Hedegaard, M. (2003b). Cultural minority children's learning within culturally sensitive classroom teaching. *Pedagogy, Culture and Society, 11*(1), 133–151.

Helpguide. (2010). Developing emotional awareness: Recognizing and harnessing the power of your emotions. Retrieved April 24, 2010, from http://www.helpguide.org/toolkit/developing_emotional_awareness.htm

Hepper, P. G. (1991). An examination of fetal learning before and after birth. *Irish Journal of Psychology, 12*, 95–107.

Herbert, J., Gross, J., & Hayne, H. (2007). Crawling is associated with more flexible memory retrieval by 9-month-old infants. *Developmental Science, 10*(2), 183–189.

Herz, R. S., Eliassen, J. C., Beland, S. L., & T. Souza. (2003). Neuroimaging evidence for the emotional potency of odor-evoked memory. *Neuropsychologia, 42*, 371–378

Herz, R. S., & Schooler, J. W. (2002). A naturalistic study of autobiographical memories evoked by olfactory and visual cues: Testing the Proustian hypothesis. *American Journal of Psychology, 115*, 21–32.

Hettena, C. M., & Ballif, B. L. (1981). Effect of mood on learning. *Journal of Educational Psychology, 73*(4), 505–508.

Hickling, A. K., & Wellman, H. M. (2001). The emergence of children's causal explanations and theories: Evidence from everyday conversation. *Developmental Psychology, 37*, 668–683.

Higbee, K. L. (1997). Novices, apprentices, and mnemonists: Acquiring expertise with the phonetic mnemonic. *Applied Cognitive Psychology, 11*, 147–161.

Hillman, C. H., Buck, S. M., Themanson, J. R., Pontifex, M. B., & Castelli, D. M. (2009). Aerobic fitness and cognitive development: Event-related brain potential and task performance indices of executive control in preadolescent children. *Developmental Psychology, 45*(1), 114–129.

Hillman, C. H., Erickson, K. I., & Kramer, A. F. (2008). Be smart, exercise your heart: Exercise effects on brain and cognition. *Nature Reviews Neuroscience, 9*, 58–64.

Hinton, C., Miyamoto, K., & Della-Chiesa, B. (2008). Brain research, learning and emotions: Implications for education research, policy and practice. *European Journal of Education, 43*(1), 87–103.

Hirsh-Pasek, K., & Golinkoff, R. M. (2003). *Einstein never used flash cards: How our children really learn and why they need to play more and memorize less*. New York: Rodale.

Hoff, E. (2006). How social contexts support and shape language development. *Develop-*

mental Review, 26, 55–88.
Hoffmann, H. (1995). *Struwwelpeter in English translation*. Mineola, NY: Dover. (Original work published 1845)
Hollander, J. (1996). *Committed to memory: 100 best poems to memorize*. New York: Turtle Point Press.
Holler, K. A., & Greene, S. M. (2010). Developmental changes in children's executive functioning. In E. Hollister Sandberg & B. L. Spritz (Eds.), *A clinician's guide to normal cognitive development in childhood* (pp. 215–238). New York: Routledge.
Holmes, R. M., Pellegrini, A. D., & Schmidt, S. L. (2006). The effects of different recess timing regimens on preschoolers' classroom attention. *Early Child Development and Care, 176*(7), 735–743.
Hong, L. (1994). Experimental study on the affection of fetal music on the fetus. *Acta Psychologica Sinica, 26*, 51–58.
Howse, R. B., Lange, G., Farran, D. C., & Boyles, C. D. (2003). Motivation and self-regulation as predictors of achievement in economically disadvantaged young children. *Journal of Experimental Education, 71*, 151–174.
Hruska, B., & Clancy, M. E. (2008). Integrating movement and learning in elementary and middle school. *Strategies: A Journal for Physical and Sport Educators, 21*(5), 13–20.
Hudson, J. A. (1988). Children's memory for atypical actions in script-based stories: Evidence for a disruption effect. *Journal of Experimental Child Psychology, 46*, 159–173.
Hudson, J. A., & Nelson, K. (1986). Repeated encounters of a similar kind: Effects of familiarity on children's autobiographic memory. *Cognitive Development, 1*, 253–271.
Huizinga, J. (1971). *Homo ludens*. Boston: Beacon Press. (Original work published 1938)
Hyson, M. C., Hirsh-Pasek, K., & Rescorla, L. (1989). *Academic environments in early childhood: Challenge or pressure?* Summary report to The Spencer Foundation, Chicago.
Imus, D. (2008). *Growing up green: Baby and child care*. New York: Simon & Schuster.
Istomina, Z. M. (1975). The development of voluntary memory in preschool-age children. *Soviet Psychology, 13*, 5–64.
James, W. (1983). *The principles of psychology*. Boston: Holt. (Original work published 1890)
Jaswal, V. K., & Neely, L. A. (2006). Adults don't always know best: Preschoolers use past reliability over age when learning new words. *Psychological Science, 17*(9), 757–758.
Jha, A. P., Krompinger, J., & Baime, M. J. (2007). Mindfulness training modifies subsystems of attention. *Cognitive Affective and Behavioral Neuroscience, 7*, 109–119.
Johnson, M. (1987). *The body in the mind: The bodily basis of meaning, imagination, and reason*. Chicago: The University of Chicago Press.
Kaiser Family Foundation. (2005, March). Generation M: Media in the lives of 8 to 18 year olds. Retrieved August 23, 2009, from http://www.kff.org/entmedia/entmedia030905pkg.cfm
Kamins, M. L., & Dweck, C. S. (1999). Person versus process praise and criticism: Implications for contingent self-worth and coping. *Developmental Psychology, 35*(3), 835–837.
Kang, S. H. K., McDermott, K. B., & Roediger, H. L. (2007). Test format and corrective feedback modulate the effect of testing on memory retention. *European Journal of Cognitive Psychology, 19*, 528–558.
Kaniel, S., & Aram, D. (1993). Developmental impacts of meta-attention instructions. *International Journal of Cognitive Education and Mediated Learning, 3*(2), 110–121.
Karzon, R. G. (1985). Discrimination of polysyllabic sequences by one- to four-month-old infants. *Journal of Experimental Child Psychology, 39*(2), 326–42.
Katz Rothman, B. (2000). *Recreating motherhood*. New Brunswick, NJ: Rutgers University Press.
Kaufman, M. (2005, January 3). Meditation gives brain a charge, study finds. *Washington Post*. Retrieved August 9, 2010, from, http://www.washingtonpost.com/wp-dyn/articles/A43006–2005Jan2.html

Keys, C.W. (1993). Revitalizing instruction in scientific genres: Connecting knowledge production with writing to learn in science. *Science Education, 83*(2), 115–130.
Kierkegaard, S. (1985). *Either/or: A fragment of life*. New York: Penguin Classics. (Original work published 1843)
King, N.R. (1979). Play: The kindergartners' perspective. *Elementary School Journal, 80*(2), 80–87.
Kitamura, C., Thanavishuth, C., Burnham, D., & Luksaneeyanawin, S. (2002). Universality and specificity in infant-directed speech: Pitch modifications as a function of infant age and sex in a tonal and non-tonal language. *Infant Behavior and Development, 24*, 372–392.
Klein, P. (1999). Reopening inquiry into cognitive processes in writing-to-learn. *Educational Psychology Review, 11*(3), 203–270.
Klingberg, T., Forssberg, H., & Westerberg, H. (2002). Training of working memory in children with ADHD. *Journal of Clinical and Experimental Neuropsychology, 24*(6), 781–791.
Kobiella, A., Grossmann, T., Reid, V. M., & Striano, T. (2008). The discrimination of angry and fearful facial expressions in 7-month-old infants: An event-related potential study. *Cognition and Emotion, 22*, 134–146.
Koenig, M. A., Clément, F., & Harris, P. L. (2004). Trust in testimony: Children's use of true and false statements. *Psychological Science, 15*(10), 694–698.
Koenig, M. A., & Harris, P. L. (2005a). Preschoolers mistrust ignorant and inaccurate speakers. *Child Development, 76*, 1261–1277.
Koenig, M. A., & Harris, P. L. (2005b). The role of social cognition in early trust. *Trends in Cognitive Sciences, 9*(10), 457–459.
Korner, A. F., & Grobstein, R. (1966). Visual alertness as related to soothing in neonates: implications for maternal stimulation and early deprivation. *Child Development, 37*, 867–876.
Kreiser, B., & Hairston, R. (2007). Dance of the chromosomes: A kinetic learning approach to mitosis and meiosis. *Bioscene, 33*(1), 6–10.
Kremar, M., Grela, B., & Lin, K. (2007). Can toddlers learn vocabulary from television? An experimental approach. *Media Psychology, 10*, 41–63.
Kuenz, J., Willis, S., & Waldrep, S. (1995). *Inside the mouse: Work and play at Disney World, The project on Disney*. Durham, NC: Duke University Press.
Kunzinger, E. L., & Witryol, S. L. (1984). The effects of differential incentives on second-grade rehearsal and free recall. *Journal of Genetic Psychology: Research and Theory on Human Development, 144*(1), 19–30.
Lalonde, C. E., & Chandler, M. J. (1995). False belief understanding goes to school: On the social-emotional consequences of coming early or late to a first theory of mind. *Cognition & Emotion, 9*, 167–185.
Landry, S. H., Miller-Loncar, C. L., Smith, K. E., & Swank, P. R. (2002). The role of early parenting in children's development of executive processes. *Developmental Neuropsychology, 21*(1), 15–21.
Lawrence, J. A., & Valsiner, J. (1993). Conceptual roots of internalization: From transmission to transformation. *Human Development, 36*, 150–167.
Lawson, K. R., & Ruff, H. A. (2004). Early attention and negative emotionality predict later cognitive and behavioral function. *International Journal of Behavioral Development, 28*, 157–165.
LeDoux, J. E. (1994). Emotion, memory, and the brain. *Scientific American, 270*, 50–57.
LeDoux, J. E. (Ed.) (1996). *The emotional brain*. New York: Simon & Schuster.
Lee, H. (1960). *To kill a mockingbird*. New York: Harper.
Lee, J. (1999). The effects of 5-year-old preschoolers' use of private speech on performance and attention for two kinds of problems-solving tasks. *Dissertation Abstracts International Section A: Humanities and Social Sciences, 60*(6-A), 1899.
Liben, L. S. (1999). Developing an understanding of external spatial representations. In I.

E. Sigel (Ed.), *Development of mental representation: Theories and applications* (pp. 297–321). Mahwah, NJ: Erlbaum.
Lidstone, J. S. M., Meins, E., & Fernyhough, C. (2010). The roles of private speech and inner speech in planning during middle childhood: Evidence from a dual task paradigm. *Journal of Experimental Child Psychology, 107*, 438–451.
Light, P., & Glachan, M. (1985). Facilitation of individual problem solving through peer interaction. *Educational Psychology, Special issue: Developmental psychology and education, 5*(3–4), 217–225.
Light, R. (1990). *The Harvard assessment seminars*. Cambridge, MA: Harvard Graduate School of Education.
Lillemyr, O. F., Søbstad, F., Marder, K., & Flowerday, T. (2010). Indigenous and non-indigenous primary school students' attitudes on play, humour, learning and self-concept: A comparative perspective. *European Early Childhood Education Research Journal, 18*(2), 243–267.
Linden, W. (1973). Practicing of meditation by school children and their levels of field dependence-independence, test anxiety, and reading achievement. *Journal of Consulting and Clinical Psychology, 41*, 139–143.
Lindsay, D. (1994, July 13). The games children play. *Education Week, 13,* 37–38.
Linenbrink, E. A., & Pintrich, P. R. (2003). The role of self-efficacy beliefs in student engagement and learning in the classroom. *Reading Writing Quarterly, 19*, 119–137.
Lipton, J. S., & Spelke, E. S. (2003). Origins of number sense: Large-number discrimination in human infants. *Psychological Science, 14*(5), 396–401.
Locke, J. L. (1995). *The child's path to spoken language*. Cambridge, MA: Harvard University Press.
Loewen, J. W. (2007). *Lies my teacher told me: Everything your American history textbook got wrong* (2nd ed.). New York: Simon & Schuster.
Longo, M. R., & Bertenthal, B. I. (2006). Common coding of observation and execution of action in 9-month-old infants. *Infancy, 10*, 43–59.
Luria, A. R. (1961). The role of speech in the regulation of normal and abnormal behavior. New York: Liveright.
Lutz, A., Slagter, H. A., Dunne, J. D., & Davidson, R. J. (2008). Attention regulation and monitoring in meditation. *Trends in Cognitive Sciences, 12*(4), 163–169.
Mack-Kirschner, A. (2004). *Powerful classroom stories from accomplished teachers*. Thousand Oaks, CA: Corwin Press.
MacLean, K. A., Ferrer, E., Aichele, S. R., Bridwell, D. A., Zanesco, A. P., Jacobs, T. L., King, B. G., Rosenberg, E. L., Sahdra, B. K., Shaver, P. R., Wallace, B. A., Mangun, G. R., & Saron, C. D. (2010). Intensive meditation training improves perceptual discrimination and sustained attention. *Psychological Science, 21*(6), 829–839.
Malone, J. C. (1991). *Theories of learning: A historical approach*. Belmont, CA: Wadsworth.
Mampe, B., Friederici, A. D., Christophe, A., & Wermke, K. (2009). Newborns' cry melody is shaped by their native language. *Current Biology, 19*, 1–4.
Marcovitch, S., & Zelazo, P. D. (1999). The A-not-B error: Results from a logistic meta-analysis. *Child Development, 70*, 1297–1313.
Marsh, H., Barnes, J., Caims, L., & Tidman, M. (1984). Self-description questionnaire: Age and sex effects in the structure and level of self-concept for preadolescent children. *Journal of Educational Psychology, 76*, 940–956.
Mattson, M. P. (2004). Pathways towards and away from Alzheimer's disease. *Nature, 430*, 631–639.
Maurer, D. (1993). Neonatal synesthesia: implications for the processing of speech and faces. In B. de Boysson-Bardies, S. de Schonen, P. Jusczyk, P. McNeilage, & J. Morton (Eds.), *Developmental neurocognition: Speech and face processing in the first year of life*. Dordrecht: Kluwer Academic.
Mayer, R. E. (1999). Designing instruction for constructivist learning. In C. M. Reigeluth (Ed.), *Instructional-design theories and models: Volume II. A new paradigm of instruc-*

tional theory. Hillsdale, NJ: Erlbaum.
Mayer, R. E., & Gallini, J. K. (1990). When is an illustration worth ten thousand words? *Journal of Educational Psychology, 82*, 715–726.
McAlister, A. R., & Cornwell, B. (2010). Children's brand symbolism understanding: Links to theory of mind and executive functioning. *Psychology & Marketing, 27*(3), 203–228.
McCall, R. B., & Carriger, M. S. (1993). A meta-analysis of infant habituation and recognition memory performance as predictors of later IQ. *Child Development, 64*, 57–79.
McCall, R. B., Parke, R. D., & Kavanaugh, R. D. (1977). Imitation of live and televised models by children 1 to 3 years of age. *Monographs of the Society for Research on Child Development, 42*(5, Serial No. 173).
McCorry, N. K., & Hepper, P. G. (2007). Fetal habituation performance: Gestational age and sex effects. *British Journal of Developmental Psychology, 25*(2), 277–292.
McCrea, S. M., Mueller, J. H., & Parrila, R. K. (1999). Quantitative analyses of schooling effects on executive function in young children. *Child Neuropsychology, 5*(4), 242–250.
McDaniel, M. A., Agarwal, P. K., Huelser, B. J., McDermott, K. B., & Roediger, H. L. (in press). Test-enhanced learning in a middle school science classroom: The effects of quiz frequency and placement. *Journal of Educational Psychology*.
McDaniel, M. A., & Callender, A. A. (2008). Cognition, memory, and education. In H. L. Roediger (Ed.), *Cognitive psychology of memory,* Vol. 2 of *Learning and memory: A comprehensive reference* (pp. 819–843). Oxford: Elsevier.
McEwen, B. S., & Sapolsky, R. M. (1995). Stress and cognitive function. *Current Opinion in Neurobiology, 5*, 205–216.
Mehler, J., Dupoux, E., Nazzi, T., & Dehaene-Lambertz, G. (1996). Coping with linguistic diversity: The infant's point of view. In J. L. Morgan & K. Demuth (Eds.), *Signal to syntax*. Hillsdale, NJ: Erlbaum.
Meichenbaum, D. (1977). *Cognitive-behavior modification.* New York: Plenum Press.
Meltzoff, A. (1995a). Understanding the intentions of others: Re-enactment of intended acts by 18-month-old children. *Developmental Psychology, 31*, 838–850.
Meltzoff, A. N. (1995b). What infant memory tells us about infantile amnesia: Long-term recall and deferred imitation. *Journal of Experimental Child Psychology, 59*, 497–515.
Meltzoff, A. N., & Moore, M. K. (1977). Imitation of facial and manual gestures by human neonates. *Science, 198*, 75–78.
Miller, G. A. (1956). The magical number seven, plus or minus two: Some limits on our capacity for processing information. *The Psychological Review, 63*, 81–97.
Miller, G. A., & Gildea, P. M. (1987). How children learn words. *Scientific American, 257*(3), 94–99.
Miller, S. A., Hardin, C. A., & Montgomery, D. E. (2003). Young children's understanding of the conditions for knowledge acquisition. *Journal of Cognition and Development, 4*, 325–356.
Minick, N. (1993). Teachers' directives: The social construction of "literal meanings" and "real words" in classroom discourse. In S. Chaiklin & J. Lave (Eds.), *Understanding practice: Perspectives on activity and context* (pp. 343–374). Cambridge: Cambridge University Press.
Moely, B. E., Hart, S. S., Leal, L., Santulli, K. A., Rao, N., Johnson, T., & Hamilton, L. B. (1992). The teacher's role in facilitating memory and study strategy development in the elementary school classroom. *Child Development, 63*, 653–672.
Moore, C., Bryant, D., & Furrow, D. (1989). Mental terms and the development of certainty. *Child Development, 60*(1), 167–171.
Moshman, D., & Geil, M. (1998). Collaborative reasoning: Evidence for collective rationality. *Thinking and Reasoning, 4*(3), 231–248.
Moyles, J. (2005). *The excellence of play* (2nd ed.). New York: Open University Press.
Müller, U., Lieberman, D., Frye, D., & Zelazo, P. D. (2008). Executive function, school readiness, and school achievement. In S. K. Thurman & C. A. Fiorello (Eds.), *Applied cognitive research in K–3 classrooms* (pp. 41–83). New York: Routledge.

Mulrine, A. (2000). What's your favorite class? *U.S. News & World Report, 128*(17), 50–53.
Nadler, R. T., Rabi, R., & Minda, J. P. (2010). Better mood and better performance: Learning rule-described categories is enhanced by positive mood. *Psychological Science, 21*(12), 1770–1776.
Nagy, W. (1988). *Teaching vocabulary to improve reading comprehension*. Urbana, IL: International Reading Association.
Neisser, U. (1982). *Memory observed: Remembering in natural contexts*. San Francisco: Freeman.
Nelson, C. A., de Haan, M., & Thomas, K. M. (2006). Why should developmental psychologists be interested in the brain? Historical background. In *Neuroscience of cognitive development* (pp. 1–3). Hoboken, NJ: Wiley.
Nelson, J. R., & Frederick, L. (1994). Can children design curriculum? *Educational Leadership, 51*, 71–74.
Nelson, K. (1993). Explaining the emergence of an autobiographical memory in early childhood. In A. Collins, M. Conway, S. Gathercole, & P. Morris (Eds.), *Theories of memory*. Hillsdale, NJ: Erlbaum.
Nelson, K. (1996). *Language in cognitive development: Emergence of the mediated mind*. New York: Cambridge University Press.
Nielsen, M. (2006). Copying actions and copying outcomes: Social learning through the second year. *Developmental Psychology, 42*, 555–565.
Norman, D. (1993). *Things that make us smart*. Reading, MA: Addison-Wesley.
Ogle, D. M. (1986). K-W-L: A teaching model that develops active reading of expository text. *The Reading Teacher, 39*, 564–570.
Oliver, J. A., Edmiaston, R., & Fitzgerald, L. M. (2003, April). Regular and special education teachers' beliefs regarding the role of private speech in children's learning. In A. Winsler (Chair), *Awareness, attitudes, and beliefs concerning children's private speech*. Paper presented at the biennial meeting of the Society for Research in Child Development, Tampa, FL.
Orlick, T. (1982). *Second cooperative sports and games book*. New York: Pantheon.
Ornstein, P. A., Coffman, J. L., & McCall, L. E. (2005, April). Linking teachers' memory-relevant language and children's memory performance. In F. J. Morrison (Chair), *The socialization of cognition: Environmental influences on developmental change*. Symposium conducted at the biennial meeting of the Society for Research in Child Development, Atlanta, GA.
O'Sullivan, J. T. (1993). Preschoolers' beliefs about effort, incentives, and recall. *Journal of Experimental Child Psychology, 55*(3), 396–414.
Oudejans, R., Michaels, C. F., Bakker, F. C., & Dolne, M. (1996). The relevance of action in perceiving affordances: Perception of catchableness of fly balls. *Journal of Experimental Psychology: Human Perception and Performance, 22*, 879–891.
Palincsar, A. S. (1989). Less charted waters. *Educational Researcher, 18(4)*, 5–7.
Palincsar, A., & Brown, A. (1984). Reciprocal teaching of comprehension-fostering and comprehension-monitoring activities. *Cognition and Instruction, 1*, 117–175.
Panksepp, J. (1998). Attention deficit hyperactivity disorders, psychostimulants, and intolerance of childhood playfulness: A tragedy in the making? *Current Directions in Psychological Science, 7*(3), 91–98.
Panksepp, J. (2007). Can play diminish ADHD and facilitate the construction of the social brain? *Journal of the Canadian Academy of Child and Adolescent Psychiatry, 16*, 57–66.
Panksepp, J. (2008). Play, ADHD, and the construction of the social brain: Should the first class each day be recess? *American Journal of Play, 1*, 55–79.
Papousek, H. (1977). The development of learning ability in infancy. In G. Nissen (Ed.), *Intelligence, learning, and learning disabilities* (pp. 75–93). Berlin: Springer-Co.
Pascual-Leone, A., Dang, N., Cohen, L.G., Brasil-Neto, J. P., Cammarota, A., & Hallett, M. (1995). Modulation of muscle responses evoked by transcranial magnetic stimula-

tion during the acquisition of new fine motor skills. *Journal of Neurophysiology, 74*(3), 1037–1045.

Pashler, H., Cepeda, N. J., Wixted, J. T. & Rohrer, D. (2005). When does feedback facilitate learning of words? *Journal of Experimental Psychology: Learning, Memory, and Cognition, 31*(1), 3–8.

Pasquini, E. S., Corriveau, K. H., Koenig, M., & Harris, P. L. (2007). Preschoolers monitor the relative accuracy of informants. *Developmental Psychology, 43*(5), 1216–1226.

Pavlov, I. P. (1927). *Conditioned reflexes: An investigation of the physiological activity of the cerebral cortex* (G. V. Anrep, Ed., & Trans.). London: Oxford University Press.

Pellegrini, A. D. (1984). The social cognitive ecology of preschool classrooms. *International Journal of Behavioral Development, 7*, 321–332.

Pellegrini, A. D. (1985). Relations between preschool children's play and literate behavior. In L. Galda & A. Pellegrini (Eds.), *Play, language and story: The development of children's literate behavior.* Norwood, NJ: Ablex.

Pellegrini, A. D., & Davis, P. L. (1993). Relations between children's playground and classroom behaviour. *British Journal of Educational Psychology, 63*(1), 88–95.

Pellegrini, A. D., & Galda, L. (1993). Ten years after: A re-examination of the relations between symbolic play and literacy. *Reading Research Quarterly, 28*, 162–175.

Pellegrini, A. D., Huberty, P. D., & Jones, I. (1995). The effects of recess timing on children's playground and classroom behaviors. *American Educational Research Journal, 32*(4), 845–864.

Pellegrini, A. D., & Smith, P. K. (1993). School recess: Implications for education and development. *Review of Educational Research, 63*(1), 51–67.

Pellis, S. M., & Pellis, V. C. (2007). Rough-and-tumble play and the development of the social brain. *Current Directions in Psychological Science*, *16*(2), 95–98.

Perlmutter, M., Behrend, S. D., Kuo, F., & Muller, A. (1989). Social influences on children's problem solving. *Developmental Psychology, 25*, 744–754.

Perner, J., Leekam, S. R., & Wimmer, H. (1987). Three-year-olds' difficulty with false belief: The case for a conceptual deficit. *British Journal of Developmental Psychology, 5*, 125–137.

Piaget, J. (1954). *The construction of reality in the child.* (M. Cook, Trans.). New York: Basic Books. (Original work published 1937)

Piaget, J. (1962). *Play, dreams and imitation in childhood* (C. Gattegno & F. M. Hodgson, Trans.). New York: Norton.

Piaget, J., & Inhelder, B. (1973). *Memory and intelligence*. New York: Basic Books.

Pitt, A. J., & Rose, C. B. (2007). The significance of emotions in teaching and learning: On making emotional significance. *International Journal of Leadership in Education, 10*(4), 327–337.

Plato (2008). *Phaedrus* (Benjamin Jowett, Trans.). Charleston, SC: Forgotten Books. (Original work published 360 BC)

Pogrow, S. (2009). *Teaching content outrageously: How to captivate all students and accelerate learning, grades 4–12*. San Francisco: Jossey-Bass.

Porges, S. (2003). *The polyvagal theory: Phylogenetic contributions to social behavior.* Oxford: Elsevier Science.

Posner, M. I., & Rothbart, M. K. (2002). Attention, self-regulation, and consciousness. In J. T. Cacioppo, G. G. Berntson, R. Adolphs, C. S. Carter, R. J. Davidson, M. K. McClintock, B. S. McEwen, M. J. Meaney, D. L. Schacter, E. M. Sternberg, S. S. Suomi, & S. E. Taylor (Eds.), *Foundations in social neuroscience: Social neuroscience series* (pp. 189–243). Cambridge, MA: MIT Press.

Povinelli, D. J., Landau, K. R., & Perilloux, H. K. (1996). Self-recognition in young children using delayed versus live feedback: Evidence of a developmental asynchrony. *Child Development, 67*, 1540–1554.

Pramling, I. (1998). Understanding and empowering the child as a learner. In D. R. Olson

& N. Torrance (Eds.), *The handbook of education and human development* (pp. 565–592). Malden, MA: Blackwell.

PreschoolPlanner101. (2007). Preschool lesson plans: Memory game. Retrieved August 31, 2011, from http://preschoolplanner101.blogspot.com/2007/02/preschool-lesson-plans-memory-game.html

Pressley, M., & Hilden, K. (2006). Cognitive strategies. In D. Kuhn, R. S. Siegler, W. Damon, & R. M. Lerner (Eds.), *Handbook of child psychology: Vol. 2. Cognition, perception, and language* (6th ed., pp. 511–556). Hoboken, NJ: Wiley.

Pressley, M., & Levin, J. R. (1977). Developmental differences in subjects' associative learning strategies and performance: Assessing a hypothesis. *Journal of Experimental Child Psychology*, 24, 431–439.

Pressley, M., Levin, J. R., & Delaney, H. D. (1982). The mnemonic keyword strategy at two age levels. *Journal of Educational Psychology, 72*, 575–582.

Pressley, M., Wharton-McDonald, R., Mistretta-Hampton, J., & Echevarria, M. (1998). The nature of literacy instruction in 10 grade 4/5 classrooms in upstate New York. *Scientific Studies of Reading, 2*, 159–194.

Quinn, P. C., & Eimas, P. D. (1996). Perceptual organization and categorization in young infants. In C. Rovee-Collier & L. P. Lipsett (Eds.), *Advances in infancy research* (Vol. 10, pp. 1–36). Westport, CT: Ablex.

Quitadamo I. J., & Kurtz, M. J. (2007). Learning to improve: Using writing to increase critical thinking performance in general education biology. *CBE Life Sciences Education, 6*(2), 140–154.

Rakoczy, H. (2008). Taking action seriously: Young children understand the normative structure of joint pretend games. *Developmental Psychology, 44*(4), 1195–1201.

Rakoczy, H., Warneken, F., & Tomasello, M. (2009). Young children's selective learning of rule games from reliable and unreliable models. *Cognitive Development, 24*, 61–69.

Ramachandran, V. S. (2009, November). The neurons that shaped civilization. TED India [video file]. Retrieved December 20, 2010, from http://www.ted.com/talks/vs_ramachandran_the_neurons_that_shaped_civilization.html

Ranganathan, V. K., Siemionow, V., Liu, J. Z., Sahgal, V., & Yue, G. H. (2003). From mental power to muscle power—gaining strength by using the mind. *Neuropsychologia, 42*, 944–956.

Ratner, H. H. (1984). Memory demands and the development of young children's memory. *Child Development, 55*, 2173–2191.

Ratner, H. H., Foley, M. A., & Gimpert, N. (2000). Person perspectives on children's memory and learning: What do source-monitoring failures reveal? In K. P. Roberts & M. Blades (Eds.), *Children's source monitoring* (pp. 85–114). Mahwah, NJ: Erlbaum.

Ratner, H. H., Foley, M. A., & Gimpert, N. (2002). The role of collaborative planning in children's source-monitoring errors and learning. *Journal of Experimental Child Psychology, 81*, 44–73.

Redding, R. E., Harmon, R. J., & Morgan, G. A. (1990). Relationships between maternal depression and infants' mastery behaviors. *Infant Behavior and Development, 13*, 391–395.

Reeder, J. A., Martin, S. E., & Turner, G. W. (2008). Memory development in childhood. In S. K. Thurman & C. A. Fiorello (Eds.), *Applied cognitive research in K–3 classrooms* (pp. 123–138). New York: Routledge.

Reese, E., Haden, C. A., & Fivush, R. (1993). Mother-child conversations about the past: Relationships of style and memory over time. *Cognitive Development, 8*, 403–430

Renninger, K. A., Hidi, S., & Krapp, A. (1992). *The role of interest in learning and development.* Hillsdale, NJ: Erlbaum.

Richards, J. (1987). Infant visual sustained attention and respiratory sinus arrhythmia. *Child Development, 58*, 488–496.

Ridderinkhof, K. R., & van der Molen, M. W. (1995). A psychophysiological analysis of

developmental differences in the ability to resist interference. *Child Development, 66*, 1040–1056.
Ridgway, A., Northup, J., Pellegrin, A., LaRue, R., & Hightshoe, A. (2003). Effects of recess on the classroom behavior of children with and without attention-deficit hyperactivity disorder. *School Psychology Quarterly, 18*(3), 253–268.
Rimm-Kaufman, S. E., Curby, T., Grimm, K., Nathanson, L., & Brock, L. (2009). The contribution of children's self-regulation and classroom quality to children's adaptive behaviors in the kindergarten classroom. *Developmental Psychology, 45*(4), 958–972.
Ringel, B. A., & Springer, C. J. (1980). On knowing how well one is remembering: The persistence of strategy use during transfer. *Journal of Experimental Child Psychology, 29*, 322–333.
Rivard L. P. (1994). A review of writing to learn in science: Implications for practice and research. *Journal of Research in Science Teaching, 31*(9), 969–983.
Robinson, K. (2010, October 14). *Changing education paradigms*. Royal Society for the Encouragement of Arts, Manufactures and Commerce [video file]. Retrieved from http://www.youtube.com/watch?v=zDZFcDGpL4U
Roediger, H. L., & Karpicke, J. D. (2006). Test-enhanced learning: Taking memory tests improves long-term retention. *Psychological Science, 17*, 249–255.
Roediger, H. L., & McDermott, K. B. (1995). Creating false memories: Remembering words not presented in lists. *Journal of Experimental Psychology: Learning, Memory, and Cognition, 21*, 803–814.
Rogoff, B. (1990). *Apprenticeships in thinking: Cognitive development in social context.* Oxford: Oxford University Press.
Rosaen, C. L. (1990). Improving writing opportunities in elementary classrooms. *Elementary School Journal, 90*, 418–434.
Rose, S. A., & Feldman, J. F. (1995). Prediction of IQ and specific cognitive abilities at 11 years from infancy measures. *Developmental Psychology, 31*(4), 685–696.
Rose, S. A., & Wallace, I. F. (1985). Visual recognition memory: A predictor of later cognitive functioning in preterms. *Child Development, 56*, 843–852.
Rosenthal, R., & Jacobson, L. (1966). Teachers' expectancies: Determinants of pupils' IQ gains. *Psychological Reports*, *19*, 115–118.
Rovee-Collier C. (1996). Measuring infant memory: A critical commentary. *Developmental Review, 16*, 301–310.
Rubenstein, G. (2009, May 5). Kids feel the power of poetry in performance: Through slam poetry, students reach new heights in literacy and in life. Retrieved May 31, 2011, from http://www.edutopia.org/poetry-slam-global-writes
Rueda, M. R., Rothbart, M. K., McCandliss, B. D., Saccomanno, L., & Posner, M. I. (2005). Training, maturation, and genetic influences on the development of executive attention. *Proceedings of the National Academy of Sciences of the USA, 102,* 14931–14936.
Rumelhart, D. E. (1991). Understanding understanding. In W. Kessen, A. Ortony, & F. Craig (Eds.), *Memories, thoughts, and emotions: Essays in honor of George Mandler.* Hillsdale, NJ: Erlbaum.
Sabbagh, M. A., & Baldwin, D. A. (2001). Learning words from knowledgeable versus ignorant speakers: Links between preschoolers' theory of mind and semantic development. *Child Development, 72*(4), 1054–1070.
Saffran, J. R. (2003). Statistical language learning: Mechanisms and constraints. *Current Directions in Psychological Science, 12*(4), 110–114.
Saffran, J. R., Aslin, R. N., & Newport, E. L. (1996). Statistical learning by 8–month-old infants. *Science, 274*, 1926–1928.
Salatas, H., & Flavell, J. H. (1976). Perspective taking: The development of two components of knowledge. *Child Development, 47*, 103–109.
Samaha, N. V., & De Lisi, R. (2000). Peer collaboration on a nonverbal reasoning task by urban, minority students. *Journal of Experimental Education, 69*(1), 5–21.
Sattelmair, J., & Ratey, J. J. (2009). Physically active play and cognition: An academic mat-

ter? *American Journal of Play, 1*(3), 365–374.

Sawyer, R. K. (2006). Introduction: The new science of learning. In R. K. Sawyer (Ed.), *The Cambridge handbook of the learning sciences* (pp. 1–16). Cambridge: Cambridge University Press.

Schmidt, M. E., Pempek, T. A., Kirkorian, H. L., Lund, A. F., & Anderson, D. R. (2008). The effects of background television on the toy play behavior of very young children. *Child Development, 79*, 1137–1151.

Schmitt, K., & Anderson, D. R. (2002). Television and reality: Toddlers' use of visual information from video to guide behavior. *Media Psychology, 4*, 51–76.

Schneider, W. (1997). The impact of expertise on performance: Illustrations from developmental research on memory and sports. *High Ability Studies, 8*(1), 7–18

Schneider, W., Kron-Sperl, V., & Hünnerkopf, M. (2009). The development of young children's memory strategies: Evidence from the Würzburg Longitudinal Memory Study. *European Journal of Developmental Psychology, 6*(1), 70–99.

Schneider, W., & Lockl, K. (2002). The development of metacognitive knowledge in children and adolescents. In T. J. Perfect & B. L. Schwartz (Eds.), *Applied metacognition* (pp. 224–257). Cambridge: Cambridge University Press.

Schneider, W., & Pressley, M. (1997). *Memory development between 2 and 20*. Mahwah, NJ: Erlbaum.

Schneps, M. H. (1989). *A private universe: Misconceptions that block learning* (Video). Santa

Schuh, K. L., & Rea, J. (2001). Emotion and meaning-making: Affordances in the classroom. *Mid-Western Educational Researcher, 14*(2), 2–10.

Schurgin O'Keeffe, G., Clarke-Pearson, K., et al. (2011). The impact of social media on children, adolescents, and families. *Pediatrics, 127*, 800–804.

Schweinhart, L. J., & Weikart, D. P. (1997). Lasting differences: The HighScope preschool curriculum comparison study through age 23. *Monographs of the HighScope Educational Research Foundation, 12*. Ypsilanti, MI: HighScope Press.

Schwenck, C., Bjorklund, D. F., & Schneider, W. (2009). Developmental and individual differences in young children's use and maintenance of a selective memory strategy. *Developmental Psychology, 45*(4), 1034–1050.

Sharon, T., & DeLoache, J. S. (2003). The role of perseveration in children's symbolic understanding and skill. *Developmental Science, 6*, 289–297.

Shepherd, G. M. (2005). Perception without a thalamus. *Neuron, 46*(2), 166–168.

Shernoff, D. J., Csikszentmihalyi, M., Schneider, B., & Shernoff, E. S. (2003). Student engagement in high school classrooms from the perspective of flow theory. *School Psychology Quarterly, 18*(2), 158–176.

Shin, H. E., Bjorklund, D. F., & Beck, E. F. (2007). The adaptive nature of children's overestimation in a strategic memory task. *Cognitive Development, 22*, 197–212.

Sibley, B. A., & Etnier, J. L. (2003). The relationship between physical activity and cognition in children: A meta-analysis. *Pediatric Exercise Science, 15*, 243–256.

Siegler, R. S. (1995). How does change occur: A microgenetic study of number conservation. *Cognitive Development, 28*, 225–273.

Sigman, M., Cohen, S. E., & Beckwith, L. (1997). Why does infant attention predict adolescent intelligence? *Journal of Infant Behavior & Development, 20*, 133–140.

Sigman, M., Cohen, S. E., Beckwith, L., & Parmelee, A. H. (1986). Infant attention in relation to intellectual abilities in childhood. *Developmental Psychology, 22*, 788–792.

Signorella, M. L., Bigler, R. S., & Liben, L. S. (1993). Developmental differences in children's gender schemata about others: A meta-analytic review. *Developmental Review, 13*, 147–183

Skouteris, H., Spataro, J., & Lazaridis, M. (2006). Young children's use of a delayed video representation to solve a retrieve problem pertaining to self. *Developmental Science, 9*, 505–517.

Smith, F. (1998). *The book of learning and forgetting*. New York: Teachers College Press.

Smith, L. (1988). One-year follow-up of small preterm infants. *Infant Behavior and Develop-*

ment, 11, 320.

Smith, S. M., & Vela, E. (2001). Environmental context-dependent memory: A review and a meta-analysis. *Psychonomic Bulletin & Review, 8*, 203–220.

Smith, S., Willms, D., & Johnson, N. (Eds.). (1997). *Nurtured by knowledge: Learning to do participatory action-research*. New York: Apex Press.

Smith-Donald, R., Raver, C. C., Hayes, T., & Richardson, B. (2007). Preliminary construct and concurrent validity of the Preschool Self-Regulation Assessment (PSRA) for field-based research. *Early Childhood Research Quarterly, 22*(2), 173–187.

Smotherman, W. P., & Robinson, S. R. (1988). The uterus as environment: The ecology of fetal behavior. In E. M. Blass (Ed.), *Handbook of behavioral neurobiology: Vol. 9. Developmental psychobiology and behavioral ecology*. New York: Plenum Press.

Sobel, D. M., & Sommerville, J. A. (2009). Rationales in children's causal learning from others' actions. *Cognitive Development, 24*, 70–79.

Soini, H., & Flynn, M. (2005). Emotion and rhythm in critical learning incidents. *Interchange, 36*(1–2), 73–83.

Sommerville, J. A., & Hammond, A. J. (2007). Treating another's actions as one's own: Children's memory of and learning from joint activity. *Developmental Psychology, 43*, 1003–1018.

Sommerville, J. A., Woodward, A. L., & Needham, A. (2005). Action experience alters 3-month-old infants' perception of others' actions. *Cognition, 96*, B1–B11.

Spence, M. J. (1996). Young infants' long-term auditory memory: Evidence for changes in preference as a function of delay. *Developmental Psychobiology, 29*, 685–695.

Squire, L. R., & Kandel, E. R. (2000). *Memory: From mind to molecules*. New York: Holt.

Srivastava, N. D. (1997). *Meta modern era*. New Delhi: Ritana Books.

St. Clair-Thompson, H. L., Stevens, R., Hunt, A., & Bolder, E. (2010). Improving children's working memory and classroom performance. *Educational Psychology, 30*, 203–220.

Steidl, S., Razik, F., & Anderson, A. K. (2011). Emotion enhanced retention of cognitive skill learning. *Emotion, 11*(1), 12–19.

Steiner, R. (1919). *The spirit of the Waldorf School* (R. Lathe & N. Whittaker, Trans.). Herndon, VA: SteinerBooks.

Stevanoni, E., & Salmon, K. (2005). Giving memory a hand: Instructing children to gesture enhances their event recall. *Journal of Nonverbal Behavior, 29*(4), 217–233.

Stipek, D., Recchia, S., & McClintic, S. (1992). Self-evaluation in young children. *Monographs of the Society for Research in Child Development, 57*(1, Serial No. 226).

Straub, W. F. (1989). The effect of three different methods of mental training on dart throwing performance. *The Sport Psychologist, 3*, 133–141.

Strauss, S. (2005). Teaching as a natural cognitive ability: Implications for classroom practice and teacher education. In D. B. Pillemer & W. Sheldon (Eds.), *Developmental psychology and social change: Research, history, and policy* (pp. 368–388). New York: Cambridge University Press.

Strauss, S., Ziv, M., & Stein, A. (2002). Teaching as a natural cognition and its relations to preschoolers' developing theory of mind. *Cognitive Development, 17*, 1473–1787.

Suddendorf, T. (1999). Children's understanding of the relation between delayed video representation and current reality: A test for self-awareness. *Journal of Experimental Child Psychology, 72*, 157–176.

Suddendorf, T., Simcock, G., & Nielsen, M. (2007). Visual self-recognition in mirrors and live videos: Evidence for a developmental asynchrony. *Cognitive Development, 22*, 185–196.

Sullivan, M. W., Rovee-Collier, C., & Tynes, D. M. (1979). A conditioning analysis of infant long-term memory. *Child Development, 50*, 152–162.

Sun, R., Merrill, E., & Peterson, T. (2001). From implicit skills to explicit knowledge: A bottom-up model of skill learning. *Cognitive Science, 25*, 203–244.

Sun, R., Slusarz, P., & Terry, C. (2005). The interaction of the explicit and the implicit in skill learning: A dual-process approach. *Psychological Review, 112*(1), 159–192.

Swanson, H .L., Ashbaker, M. H., & Lee, C. (1996). Learning disabled readers working memory as a function of processing demands. *Journal of Experimental Child Psychology, 61*, 242–275.

Swing, S. R, Stoiber, K. C., & Peterson, P. L. (1988). Thinking skills versus learning time: Effects of alternative classroom-based interventions on students' mathematics problem solving. *Cognition and Instruction, 5*(2), 123–191.

Symons, D., McLaughlin, E., Moore, C., & Morine, S. (1997). Integrating relationship constructs and emotional experience into false belief tasks in preschool children. *Journal of Experimental Child Psychology, 67*, 423–447.

Tamis-LeMonda, C. S., & Bornstein, M. H. (1989). Habituation and maternal encouragement of attention in infancy as predictors of toddler language, play, and representational competence. *Child Development, 60*, 738–751.

Tang, Y. Y., Ma, Y., Wang, J., Fan, Y., Feng, S., Lu, Q., Yu, Q., Sui, D., Rothbart, M. K., Fan, M., & Posner, M. I. (2007). Short-term meditation training improves attention and self-regulation. *Proceedings of the National Academy of Sciences, 104*(43), 17152–17156.

Taras, H. (2005). Physical activity and student performance at school. *Journal of School Health, 75*, 214–218.

Taylor, J. S. (2010). Learning with emotion: A powerful and effective pedagogical technique. *Academic Medicine, 85*(7), 1110.

Taylor, K., Marienau, C., & Fiddler, M. (2000). *Developing adult learners: Strategies for teachers and trainers*. San Francisco: Jossey-Bass.

Taylor, M., Esbensen, B. M., & Bennett, R. T. (1994). Children's understanding of knowledge acquisition: The tendency for children to report that they have always known what they have just learned. *Child Development, 65*, 1581–1604.

Thelen, E., & Smith, L. B. (1996). *A dynamic systems approach to the development of cognition and action*. Cambridge, MA: MIT Press.

Thomas, L. A., & LaBar, K. S. (2008). Fear-relevancy, strategy use, and probabilistic learning of cue-outcome associations. *Learning & Memory, 15*, 777–784.

Thompson, C. P. (2000). Mnemonists. In A. E. Kazdin (Ed.), *Encyclopedia of psychology* (Vol. 5, pp. 288–289). Washington, DC: American Psychological Association.

Thompson, L. A., Fagan, J. F., & Fulker, D. W. (1991). Longitudinal prediction of specific cognitive abilities from infant novelty preference. *Child Development, 62*, 530–538.

Thompson, M. (Director). (2006). *Raising Cain*. [Motion picture]. Portland, OR: PBS.

Tobin, J., Hsueh, Y., & Karasawa, M. (2009). *Preschool in three cultures revisited*. Chicago: University of Chicago Press.

Tomasello, M. (1999). *The cultural origins of human cognition*. Cambridge, MA: Harvard University Press.

Tomasello, M., Kruger, A. C., & Ratner, H. H. (1993). Cultural learning. *Behavioral and Brain Science, 16*, 495–552.

Trabasso, T., & Suh, S. (1993). Understanding text. *Discourse Processes, 16*, 3–34.

Troseth, G. L., & DeLoache, J. S. (1998). The medium can obscure the message: Young children's understanding of video. *Child Development, 69*, 950–965.

Tulving, E., & Thomson, D. M. (1973). Encoding specificity and retrieval processes in episodic memory. *Psychological Review, 80*, 352–373.

Turner, S. L., Hamilton, H., Jacobs, M., Angood, L. M., & Dwyer, D. H. (1997). The influence of fashion magazines on the body image satisfaction of college women: An exploratory analysis. *Adolescence, 32*(127), 603–614.

Twain, M. (1901, November). Speech at the 145th annual dinner of St. Andrew's Society, New York. In P. Fatout (Ed.), (1976) *Mark Twain speaking* (p. 424). Iowa City: University of Iowa Press.

Underwood, J., Underwood, G., & Wood, D. (2000). When does gender matter? Interac-

tions during computer-based problem solving. *Learning and Instruction, 10*, 447–462.
Unestahl, L. E. (1983). *Inner mental training: A systematical self-instructional program for self-hypnosis*. Orebro, Sweden: Veje.
Vail, P. (1994). *Emotion: The off/on switch*. Rosemont, NJ: Modern Learning Press.
van Heteren, C. F., Focco Boekkooi, P., Jongsma, H. W., & Nijhuis, J. G. (2000). Fetal learning and memory. *The Lancet, 356*(9236), 1169.
Viadero, D. (2008). Exercise seen as priming the pump for students' academic success. *Education Week, 27*, 14–15.
Vygotsky, L. S. (1966). Development of the higher mental functions. In A. N. Leontiev, A. R. Luria, & A. Smirnol (Eds.), *Psychological research in the USSR* (Vol. 1, pp. 11–45). Moscow: Progressive Publishers. (Original work published 1930)
Vygotsky, L. S. (1978). *Mind in society: The development of higher psychological processes* (M. Cole, V. John-Steiner, S. Scribner, & E. Souberman, Eds.). Cambridge, MA: Harvard University Press. (Original work published 1930)
Vygotsky, L. S. (1986). *Thought and language* (rev. ed.). A. Kozulin (Ed.). Cambridge, MA: MIT Press. (Original work published 1934)
Vygotsky, L. S. (1987). *The collected works of L. S. Vygotsky, Vol. 1*. New York: Plenum. (Original work published 1934)
Walker-Andrews, A. S., & Grolnick, W. (1983). Discrimination of vocal expressions by young infants. *Infant Behavior and Development, 6*, 479–486.
Wallace, B. A. (1999). The Buddhist tradition of Samatha: Methods for refining and examining consciousness. *Journal of Consciousness Studies, 6*, 175–187.
Watson, A., Nixon, C., Wilson, A., & Capage, L. (1999). Social interaction skills and theory of mind in young children. *Developmental Psychology, 35*, 386–391.
Weinger, H. B., & Anisfeld, M. (1998). Infant social referencing: A meta-analytic review [abstract]. *Infant Behavior and Development, 21*, 751.
Wellman, H. M. (2002). Understanding the psychological world: Developing a theory of mind. In U. Goswami (Ed.), *Handbook of childhood cognitive development* (pp. 167–187). Oxford: Blackwell.
Wellman, H. M., & Lagattuta, K. H. (2004). Theory of mind for learning and teaching: The nature and role of explanation. *Cognitive Development, 19*, 479–497.
Wellman, H. M., Ritter, K., & Flavell, J. H. (1975). Deliberate memory behavior in the delayed reactions of very young children. *Developmental Psychology, 11*, 780–787.
Welsh, M. C., & Pennington, B. F. (1988). Assessing frontal lobe functioning in children: Views from developmental psychology. *Developmental Neuropsychology, 4*, 199–230.
Whalen, S. P., & Csikszentmihalyi, M. (1991). Putting flow theory into educational practice: The Key school's flow activities room. In *Report to the Benton Center for Curriculum and Instruction*. Chicago: University of Chicago Press.
What helps us learn? (2010). *Educational Leadership, 67*(5), 68–69.
White, E. B. (1952). *Charlotte's web*. New York: HarperCollins.
White, R. W. (1969). Motivation reconsidered: The concept of competence. *Psychological Review, 66*, 297–333.
Whitehead, A. N. (1932). *The aims of education and other essays*. London: Williams & Norgate.
Willingham, D., Nissen, M., & Bullemer, P. (1989). On the development of procedural knowledge. *Journal of Experimental Psychology: Learning, Memory, and Cognition, 15*, 1047–1060.
Willis, J. (2006). *Research-based strategies to ignite student learning: Insights from a neurologist and classroom teacher*. Alexandria, VA: ASCD.
Winsler, A., Diaz, R. M., & Montero, I. (1997). The role of private speech in the transition from collaborative to independent task performance in young children. *Early Childhood Research Quarterly, 12*, 55–73.

Wolfe, P. (2001). *Brain matters: Translating research into classroom practice*. Alexandria, VA: ASCD.

Wolfe, P. (2006). The role of meaning and emotion in learning. In S. Johnson & K. Taylor (Eds.), *The neuroscience of adult learning* (pp. 35–41). San Francisco: Jossey-Bass.

Wolk, E. S. B. (2008). *Getting the green light: The transformative power of participatory action-research with students as researchers*. Retrieved September 5, 2009, from http://gallery.carnegiefoundation.org/collections/castl_k12/ewolk/

Wood, K. (2008). Mathematics through movement: An investigation of the links between kinesthetic and conceptual learning. *APMC, 13*(1), 18–22.

Wood, M. (2003). *Shakespeare*. New York: Basic Books.

Wurm, J. (2005). *Working in the Reggio way: A beginner's guide for American teachers*. Minneapolis, MN: Redleaf Press.

Yerkes, R. M., & Dodson, J. D. (1908). The relation of strength of stimulus to rapidity of habit-formation. *Journal of Comparative Neurology and Psychology, 18*, 459–482.

Zajonc, R. B. (1984). On the primacy of affect. *American Psychologist, 39*, 117–123.

Zambo, D., & Brem, S. K. (2004). Emotion and cognition in students who struggle to read: New insights and ideas. *Reading Psychology, 25*, 189–204.

Zelazo, P. D., & Müller, U. (2002). Executive function in typical and atypical development. In U. Goswami (Ed.), *Handbook of childhood cognitive development*. Oxford: Blackwell.

Zelazo, P. D., Sommerville, J. A., & Nichols, S. (1999). Age-related changes in children's use of external representations. *Developmental Psychology, 35*, 1059–1071.

Zimbardo, P. G., Butler, L. D., & Wolfe, V. A. (2003). Cooperative College Examinations: More gain, less pain when students share information and grades. *Journal of Experimental Education, 71*, 101–125.

Zimmerman, F. J., Christakis, D. A., & Meltzoff, A. N. (2007). Associations between media viewing and language development in children under age 2 years. *Journal of Pediatrics, 151*, 364–368.

Zukow-Goldring, P., & Arbib, M. A. (2007). Affordances, effectivities, and assisted imitation: Caregivers and the directing of attention. *Neurocomputing, 70*, 2181–2193.

万千教育

基础教育类图书目录

代号	书目	著、译者	定价(元)
中小学学科教学系列			
J1010	阅读教学设计的要诀	王荣生 著	36.00
J996	名师课堂教学细节设计艺术	徐 杰 等著	36.00
J1003	中小学实用教学策略	宋秋前 著	26.00
J1025	语文综合性学习教学设计方案40例	赵水英 王林发 编著	36.00
J1024	语文口语交际教学设计方案40例	王林发 主编	36.00
J955	智力发展与数学学习	林崇德 著	50.00
J755	走进快乐语文课堂	潘继云 著	26.00
J783	语文课如何是好	王晓春 著	28.00
中小学学科教学系列合计			274.00
中小学课堂管理系列			
J1339	中小学生纪律教育 ——全方位解决纪律问题的策略	陆如萍 等译	42.00
J1154	透视小学生课堂行为 ——小学教师的课堂管理指南（第九版）	赵 琴 译	48.00
J1153	透视中学生课堂行为 ——中学教师的课堂管理指南（第九版）	陈彩虹 译	46.00
J1014	让教师都爱上教学 ——307个好用的课堂管理策略	罗兴娟 译	34.00
J936	中学课堂纪律管理指南	徐昌和 等译	48.00
J846	课堂行为的有效管理策略	蔡艳芳 等译	34.00

J855	课堂管理，会者不难	王晓春　著	26.00
J757	让学生都爱听你讲 ——课堂有效管理6步法	屈宇清　等译	20.00
中小学课堂管理系列合计			298.00
中小学教学设计与实施系列			
J810	激发中学生脑的力量	吁思敏　等译	38.00
J1335	点燃学生的学习热情 ——基于脑科学的教学策略	吕红日　汤雪平　译	28.00
J1253	让教师学会提问 ——以基本问题打开学生的理解之门	俎媛媛　译	28.00
J842	实用讨论式教学法（第二版）	罗　静　等译	28.00
J758	课堂教学“红绿灯” ——提高教学效果的9种技巧	杨苗捷　译	29.00
J752	超级教学（第四版）	尹莉莉　等译	26.00
J759	优质教学的11条准则	骆　琤　译	20.00
J784	学案教学设计	赵加琛　等著	26.00
J684	教学模式（第七版）	荆建华　等译	36.00
J683	透视课堂（第十版）	陶志琼　等译	40.00
J688	优质提问教学法 ——让每个学生都参与其中	刘　彦　译	19.00
J615	思维教学——培养聪明的学习者	赵海燕　译	14.00
J599	避免课堂失误的44招	赵　悦　译	28.00
J519	教与学的变革	郑　莉　等译	26.00
J526	选择性课堂——满足学生的需要	薛　莉　译	22.00
J502	小学反思性教学 ——课堂实用手册（第三版）	王　薇　等译	32.00

……

欲了解更多图书信息，请登录：www.wqedu.com

联系地址：北京市朝内大街188号D座902室　万千教育（邮编：100010）
咨询电话：010-65125990，65262933　　传真：010-65181109

***本目录定价如有错误或变动，以实际出书为准。**